# ［新版］ロジャーズクライエント中心療法

カウンセリングの核心を学ぶ

佐治守夫・飯長喜一郎 編

有斐閣

# 新版まえがき

本書の初版刊行から二八年もの歳月が経った。他に類書がないこともあり、幸いにして直近まで増刷を重ねてきた。ロジャーズとクライエント中心療法への関心の衰えなさを示すものとして喜ばしいことである。

この間、小さなミスや、ロジャーズ死去を受けての修正の必要性が気になっていた。長年の間に、各執筆者なりに多少手を入れたいところも出てきた。改訂版を出したいという気持ちはもち続けていたのだが、共編著者の佐治守夫先生が一九九六年に亡くなられたうえに、私の個人的事情もあり、思うに任せなかった。

このたび、佐治先生の奥様ならびに共著者の皆さんのご同意を得、有斐閣の賛同も得て、ようやく新版を発刊できる運びとなった。

とはいえ、改訂は極力少なくするように心がけた。本書が多くの方々に受け入れられてきた理由の一つに、コンパクトで読みやすくかつ低廉であったということがある。ボリュームを大きくして十分に語りたいという望みは執筆者全員がもっている。しかしそれは他書に譲ることにした。事実、執筆者たちはそれぞれの場においてクライエント中心療法ないしはパーソン・センタード・アプローチ（ＰＣＡ）およびその周辺について書き、語るという作業をしてきている。

第７章は佐治先生の執筆である。ここは（分裂病→統合失調症など）わずかな表記の修正にとどめ、あえて改訂を行わなかった。

本書はロジャーズという原点を大切にして次世代に受け継ぐという役割を果たすことを目的としている。ただクライエント中心療法はこの間ずっと発展してきており、また近縁の心理療法も存在する。そこで皆様の便宜のために、それらのうちのいくつかを「クライエント中心療法近縁の心理療法」という最終章で紹介することにした。なお、その章には当然「フォーカシング指向心理療法」が含まれなければならないが、第7章でその中心的部分に触れてあるので、割愛した。

クライエント中心療法は、各種心理療法や広く援助職の活動の基本的態度として広範に学ばれ続けている一方で、独立したヒューマニスティックな心理療法としても着実に歩みを進めている。本書の初版は、佐治先生によりわれわれが三〇代の時に書かせていただいた。五〇代、六〇代になった今、新たに心理臨床や人間中心主義に関心をもつ人々に読まれることを期待したい。

有斐閣書籍編集第二部の中村さやかさんには大変にお世話になった。若いにもかかわらず、われわれの遅筆を辛抱強く待って下さった。また優れたイラストレーターに依頼して、親しみやすいカットを挿入して下さった。心から感謝を申し上げたい。

最後に執筆者を代表して、全員が深くお世話になった佐治守夫先生の墓前に本書を捧げたい。

二〇一一年三月

飯長喜一郎

# まえがき

昭和三〇年前後から、日本に友田不二男氏たちによる翻訳を中心にしてロジャーズが紹介されはじめた。その当時、一方で、彼の「クライエント中心療法」の考え方に対して、伝統的な精神分析学にもとづくカウンセリング界から批判が向けられ、また、カウンセリングの草分け時代の当然の動きではあるが、精神医学の領域からは、臨床心理学者が、心理療法やカウンセリングに積極的にかかわることへの疑問が投げかけられていた。

その後今日に至るまで、さまざまな立場の心理療法やカウンセリングが紹介され、実践されるようになってきているが、少なくとも、当初、わが国にカウンセリングの洗礼をもたらしたのは、ロジャーズ、およびクライエント中心の考え方であったと言ってよい。

今日では、ロジャーズの著書（巻末の「主要著作一覧」参照）は、もはや古典と言ってもいい位置を占めており、ほとんどあらゆる国で翻訳されているだけでなく、その考え方は、クライエント中心療法という特別な立場の特殊なものという色彩を脱して、カウンセリングのあらゆる立場の共通な基盤として受け入れられるようになっていると言えよう。とくにクライエントとセラピストとの人間関係の重視、その実践のための技法的側面以上に、セラピストの態度に焦点をあわせる、人間学的・現象学的接近が、カウンセリングの世界一般に——それぞれの立場からの修正を受けながら――受け入れられていると言えよう。

ロジャーズ自身は、ウィスコンシン大学での分裂病者の治療プロジェクトの経験を経て、個人療法、クライエント中心療法からエンカウンター・グループの活動、パーソン・センタード・アプローチ（ＰＣＡ）へと、その重点を移しかえている。その事情は本文で詳しく述べられている。

ロジャーズは八〇歳をこえて、今なおＰＣＡや異文化間交流グループのファシリテーターとして、世界の各地で活躍していると聞く。

今回、若い人たちの執筆を中心にして、ロジャーズについての一般向けの紹介を主とした小冊子を出版することとなった。わが国においては、ロジャーズはクライエント中心療法の創始者として知られているほどには、その全貌が知られていない。これを機会に、読者のかたがたには、ロジャーズの全体像をおおよそつかんでいただくと共に、さらに、それぞれの関心に従って、ロジャーズ自身の著作に触れていただくことを期待したい。

なお、本書を企画され、援助して下さった有斐閣の高嶋勇氏に深く感謝したい。

一九八二年一二月

編　者

## 執筆者紹介（執筆順）


飯長喜一郎（いいなが・きいちろう）……………………………第1, 8章

1969年　東京大学教育学部卒業（臨床心理学）

現　在　お茶の水女子大学，日本女子大学教授，国際医療福祉大学大学院特任教授を経て，日本女子大学名誉教授

渡 邉 孝 憲（わたなべ・こうけん）…………………………………第2章

1976年　東京大学教育学部卒業（臨床心理学）

現　在　茨城キリスト教大学生活科学部特任教授

横 溝 亮 一（よこみぞ・りょういち）………………………………第3章

1971年　東京大学教育学部卒業（臨床心理学）

現　在　前神奈川大学准教授・学生相談室専任カウンセラー

鵜 養 美 昭（うかい・よしあき）……………………………………第4章

1976年　東京大学教育学部卒業（臨床心理学）

現　在　日本女子大学名誉教授

佐々木正宏（ささき・まさひろ）……………………………………第5章

1975年　東京大学文学部卒業（臨床心理学・人格心理学）

現　在　聖心女子大学名誉教授

無 藤 清 子（むとう・きよこ）………………………………………第6章

1973年　東京女子大学文理学部卒業（臨床心理学）

現　在　東京女子大学名誉教授，訪問看護ステーションしもきたざわ臨床心理士

佐 治 守 夫（さじ・もりお）…………………………………………第7章

1948年　東京大学文学部卒業（臨床心理学・教育心理学）

元東京大学名誉教授

1996年　逝去

もくじ

第1章 ロジャーズの生涯と思想 1
1 生いたち 2
2 ウィスコンシン大学での学生時代 3
3 ニューヨーク時代 6
4 ロチェスター時代 9
5 オハイオ州立大学時代 11
6 シカゴ大学時代 15
7 ウィスコンシン大学時代 18
8 カリフォルニア時代 20

第2章　非指示的療法　27
1　『問題児の治療』　28
2　『カウンセリングと心理療法』　32
カウンセリングの意義と役割　32　カウンセリングの新旧両見地　33　カウンセリングはいつ必要とされるか　35　カウンセリング関係の創設　37　指示的アプローチと非指示的アプローチ　42　自由に表現するようにすること　44　洞察の達成　51　終結時の諸様相　54　実際的な諸問題　59
3　ソーン・スナイダー論争　59
第3章　クライエント中心療法　65
1　非指示的療法の深化——クライエント中心療法におけるカウンセラーの態度　66
カウンセラーの態度（哲学）と方法（技術）　66　個人の価値や意義を認め、尊重すること　68　クライエントの能力への信頼　70　カウンセラーの自己理解の必要性　72　公式化された二、三のカウンセラーの役割について　74
2　パーソナリティ変化の必要にして十分な条件　81

必要にして十分な六つの条件　82　六つの条件のもつ意味　87　セラピーの「技術（技法）」について　91

3　クライエント中心療法から見た転移と診断の問題……93

転移について　93　診断について　96

第4章　ロジャーズのパーソナリティ理論――101

1　パーソナリティへのアプローチ……102

さまざまな理論とロジャーズの態度　102　ロジャーズの基本的な立場と態度　103

2　ロジャーズのパーソナリティ理論……110

幼児についての仮定された特徴　110　自己の発達　112　自己と経験の不一致の発達　115　特殊な状況下で起こる過程（解体・崩壊の過程と再統合の過程）　119

3　まとめ……122

第5章　クライエント中心療法の研究――127

1　ロジャーズの科学観……128

2 『サイコセラピーとパーソナリティの変化』……130
研究の概要 131　自己概念の変化 132　行動の変化 135　他者への態度の変化 136　セラピーへの動機の効果 137　研究の意義 137
3 『治療的関係とそのインパクト』……139
研究の概要 139　セラピストの態度の測定 141　クライエントのプロセスの測定 144　セラピストの態度とクライエントのプロセス 145　建設的なパーソナリティ変化 147　研究の意義と統合失調症の人びととのセラピーへの示唆 149
4 将来の研究……152
第6章 エンカウンター・グループとPCA――静かなる革命――155
1 エンカウンター・グループとは……156
エンカウンター・グループの動向と本章の目的 156　エンカウンター・グループの風土――基本的理念 158　エンカウンター・グループの過程 160
2 パーソン・センタードなグループ――パーソン・センタード・ワークショップ、コミュニティ・グループ……164

パーソン・センタード・ワークショップ　166　大規模グループ・ワークショップ
173　スタッフの在り方　176

3　エンカウンター・グループと「静かなる革命」……177
——国際的・社会的葛藤の解決のために
多文化ワークショップ　178　集団間の緊張緩和のためのグループ　179　社会的葛藤
に働きかけるグループの方法論について　181

第7章　クライエント中心療法の理論的・実践的な展開——187
——ジェンドリンとロジャーズ

1　ジェンドリンの体験過程とフォーカシングの理論、心理療法による
人格変化の理論……188
人格変化の問題　189　フォーカシング（焦点づけ）　194

2　ロジャーズの「対人関係的仮説検証過程」……196

3　ジェンドリンの「統合失調症者へのクライエント中心療法の適用」……204

4　ロジャーズの「教師としての姿勢」について……206

第8章　クライエント中心療法近縁の心理療法―――211
1　はじめに……212
2　体験的パーソン・センタード・セラピー……214
体験過程とは　215　メタコミュニケーション　217　プロセス体験療法　218
3　実存的心理療法……220
実存主義に共通の考え　221　実存主義的心理療法　223
4　プリセラピー……225
5　おわりに……230
ロジャーズ年表　235
ロジャーズ主要著作一覧　237
人名索引　239
事項索引　244

（注）読者の便宜のため、外国文献の邦題については、本文と「年表」では原題を直訳し（第1章では、初出で原題と邦訳書による邦題も併記）、各章末の文献欄、「著作一覧」では、邦訳書による邦題を載せた。

# 第1章　ロジャーズの生涯と思想

# 1　生いたち

カール・ランソム・ロジャーズは、一九〇二年一月八日にアメリカ合衆国中西部のイリノイ州シカゴ郊外のオーク・パークで生まれた。ライト兄弟が飛行機で初飛行する前年のことである。父親のウォルターと母親のジュリアは、ともに一七世紀に大西洋を渡った祖先をもち、敬虔で保守的なプロテスタントであり、宗教上の理由からも、労働に価値を置いていた。父親は建築コンサルタントであり、後には農場も所有した。

カールには兄が二人、姉が一人と、弟が二人あった。カールは弱々しくて、やせており、内気で、泣き虫だった。すぐ下の弟が生まれるまでの五年間、彼は末っ子として、家族にかわいがられた。早くから読書が好きで、とくに冒険物語が好きだった。また、物語を創作するのも好きだった。読書力があったので、小学校に入学して二日目からは二年生になった。

ロジャーズ家は、多少、反知性的な傾向があり、実践を重視していた。カールはニワトリの世話をしたり、卵を売ったりした。友達としてはヘレンという近所の女の子が一人いただけである。彼女は小学校のクラスメートでもあった。そして、後にカールと結婚することになる。小学校時代カールは、一度しかなぐりあいのけんかをしなかった。カールは成績が良く、教師たちは彼の読書力や知的な好奇心をほめて、力づけた。逆に、実利的な両親は、カールをあまりほめなかった。八年生のとき、父親はカールに現実世界への目を開かせようと、仕事の旅にカールを同道した。

両親は厳格だったが、やさしくて温かかった。家にテニスコートを作り、オペラやクラシックのレコードを聞き、カールはピアノを習った。

カールが高校に入学した年の冬、ロジャーズ家は農村部に引っ越し、三〇〇エーカーの農場をもち、農場の管理人をやとった。高校時代もカールはあまり社交的でなく、デートも必要にせまられて、二度したきりだった。農場の仕事はずいぶん手伝い、ミルクをしぼったり、町まで運んだりした。一時期は農場の一部の運営をまかされた。彼は他人にアドバイスを求めず、読書によって必要な知識を得た。農業の専門書を首っぴきで読んだことは、カールの科学的態度の基礎を作った。趣味の蛾と昆虫の採集や、バード・ウォッチングもまた、科学的観察とデータ収集の芽となった。彼は戸外での活動が好きだったことに加えて、科学的農業に関心をもったので、農学を学ぼうと決心した。

## 2　ウィスコンシン大学での学生時代

一九一九年、カールは両親と三人の兄姉すべてが学んだウィスコンシン大学農学部に進んだ。はじめは、すぐ上の兄ロスと同室であり、後にはいとこと同室になった。当時、農耕学の教授の言った「つまらない戦車になるな、一挺のライフルになれ！」という言葉は、百科辞典的知識の無用性を強調したものであり、カールにとっては印象的な言葉であった。

彼はＹＭＣＡの農学生のグループで、初めてさまざまな人びとと親しい人間関係を作ることができた。そこで彼はさらに、組織の運営法も学んだ。関心は農学以外の分野に広がっていった。彼は弁論部に入り、集団の前で話す自信をつけた。

一九一九年のアイオワ州デモインでのＹＭＣＡの大会はカールに感銘を与え、彼にとって重要な転回点になった。彼はキリスト教の研究や伝道を自分のライフワークにしようと思いはじめた。そして、キリスト教関係の活動を続ける中で、牧師になるための準備に適していそうな歴史学を学ぼうと思うようになった。また、このころ彼は、キリスト教的な産業、政治、社会、国際関係の必要性を考えるようになった。

一九二一年にカールは、ミルウォーキーで開かれた貧しい子どもたちのためのＹＭＣＡサマーキャンプに指導者として参加した。一九二二年の東洋への六ヵ月の旅行は「人生最大の経験」となった。その年、中国の北京で国際キリスト教学生会議が開かれ、彼はアメリカからの一〇人の代表の一人に選ばれた。彼はハワイ、日本、朝鮮、中国、香港、フィリピンと旅行した。日本では横浜と長崎に寄港した。横浜からは富士山に登り、後年「驚きと畏敬という、本当に宗教的な感情に満たされる荘厳な経験でした」（Kirschenbaum, 2007）と言っている。その長い旅行中に彼は自分の宗教上の考えを広げ、宗教的に保守的な両親から自立していった。彼は「この旅以来、私の目標、価値、目的、哲学は私自身のものになった」（Kirschenbaum, 1979）と言っている。会議と中国各地での交流を通じて、彼は、国籍や皮膚の色の違いを越えて、いかに多くのすばらしい人びとがいるものかと感じた。中国と日本で婦女子の長時間の重労働を見た彼は、怒りを感じると同時に、そのような非キリスト教的状況に、自分自身も責任があると思った。また、キリスト教的といっても、大事なのは思想でなく、行為であり、人はみずから自分の行為に責任を負っていると考えた。彼の宗教と政治、社会に対する関心は一生続き、平和運動に賛同し、後年ヴェトナム戦争には反対の立場に立った。中国にいる間に、彼はアメリカの優等学生友愛会の会員に選ばれた。

帰国後ロジャーズは十二指腸潰瘍になり、五週間入院した後、実家で療養生活を送った。学校は休学した。その間に、実家の農業を手伝いながら、ウィスコンシン大学の通信教育で、心理学入門を受講した。これが心理学との初めての接触だった。教科書はW・ジェイムズの著作だったが、彼にはたいくつなものだった。

彼は両親の保守的で伝統主義的な体質とますますおりあわなくなった。ロジャーズが母親とうまく話しあうことができるようになるのは、彼がアイデンティティを確立してからだった。

復学して後、ロジャーズは実利的な両親の期待に反して、ますます学問に興味をもつようになった。彼はレポート提出の機会を利用して、自分の関心ある問題について思索した。たとえば彼は、アッシジの聖フランシスコやウィクリフやルターなど、キリスト教の改革者について研究し、キリスト教的実践や平和主義、それに、自己への信頼といった問題について考察した。これらはいずれも、ロジャーズの一生のテーマとなったものである。

大学に入学してから、ロジャーズは幼友達のヘレンと交際していた。二人は、二年間に二〇〇通以上の手紙を交換した。彼は東洋への旅の前にプロポーズし、一九二二年一〇月婚約した。これは彼のピーク体験の一つであった。両家の両親は、結婚そのものには賛成していたが、結婚した場合には夫は定職をもち、妻は家事をするべきだと考えていたので、もっと待つようにと言った。しかし彼らは進学直前の一九二四年八月に結婚した。ロジャーズは両親から祝いとして二五〇〇ドル贈られた。

ロジャーズは宗教的な職につく準備のため、ニューヨーク市のユニオン神学校に願書を出し、入学を許可された。ユニオン神学校はもっともリベラルで宗教活動の知的リーダーの役割をはたしていた。父親は根本主義（二〇世紀初期の米国新教運動で聖書の記事をいっさい正しいとする）的なプリンストン神学校へ行けば送金してやると言ったが、ロジャーズは反発し、奨学金を獲得した。

## 3　ニューヨーク時代

カール・ロジャーズとヘレンはニューヨークで小さなアパートを借りた。彼はユニオン神学校で多くの刺激を受け、友人を作り、新しい思想に接し、すべての経験を満喫した。当時校長だったA・C・マッギファートを尊敬した。マッギファートは「献身的に探究の自由と真理に従うことを尊重し、そのことがいかなる問題を起こそうとも、ゆるぎない信念をもっていた」（Kirschenbaum, 1979）。

ロジャーズの学期末レポートには、彼の自由主義的な傾向がよくあらわれている。あるレポートの中で彼は「キリスト教はさまざまな人間のさまざまな要求を満す……大事なのは宗教でなく人間である……キリスト教などというものは存在しない――それはおびただしい諸宗教をおおうためにつけた名称にすぎない」（Kirschenbaum, 1979）と書いている。

また、このころから彼は心理学の世界をも知るようになった。彼は、H・エリオットとG・L・エリオットという二人の教師から、他人を援助することが専門的な仕事になりうることを学んだ。しかし、もっとも彼に影響を与えたのは、G・ワトソンであった。ワトソンは精神科医のJ・チャッセルとともに、対人援助に関する授業をもっていた。そこでロジャーズは初めて心理学が生き生きした興味深いものだと感じ、その授業は彼の職業に対する姿勢の転回点となった。

また、医師G・V・ハミルトンの性研究の被面接者となり、自分およびヘレンとの性の問題について考えた。タブーになりがちな問題について面接され、また、ヘレンの話を聞くことは傾聴の良い経験になった。

一九二五年夏に、ロジャーズは訓練の一環として、数ヵ月間、田舎（ヴァーモント州、イーストドーセット）の司祭をつとめた。そこでは、彼は新しい宗教上の考えを語った。また、さまざまな肉体的、心理的、社会的条件を背負った人びとを目撃した。

神学校の二年目（一九二五〜六年）には彼は隣りのコロンビア大学教育学部でいくつかの科目をとったが、その中に、L・ホリングワースの「臨床心理学」があった。彼女は子どもと大人双方に関心をもっていた。ロジャーズはさらに、J・デューイの弟子W・H・キルパトリックによって生徒の能力と関心を重視する進歩主義教育にふれ、自ら教会でおこなった宗教教育でそれを実践した。

科学的態度と特定の宗教の主義との矛盾に悩んだロジャーズは、一九二六年秋、コロンビア大学教育学部に移り、臨床心理学と教育心理学を専攻した。ロジャーズはG・ワトソンの指導を受け、東洋に対するアメリカ人の態度尺度作成の責任者になった。彼は後年、ワトソンが与えてくれた自由の貴重さに言及している。また、新たにできたニューヨーク市の児童相談所から奨学金を得て、インターンになることができた。当時の心理学では実験心理学が中心であり、教育学部では客観的な検査が重視され、一方の児童相談所では情緒や人格力動が重視されていた。このころの実践的研究が一九三一年の彼の博士論文『九歳から一三歳の児童の人格適応の測定』（*Measuring Personality Adjustment in Children Nine to Thirteen Years of Ago*）として結実した。この測定法は実践的に役立つと同時に客観的で科学的であった。

## 4　ロチェスター時代

一九二八年にロジャーズは、ニューヨーク州ロチェスターの児童虐待防止協会の児童研究部に心理学者として就職した。ロジャーズにとってここでの一二年間は実験的な実践の場であった。彼の主義は実利主義であり、科学は有用なかぎりにおいて意味をもった。「このやり方は効果があるか?」が中心的なテーマだった。この間に彼は何千人もの子どもたちを診断したり、対策を講じたり、面接したりした。ロジャーズは次第に既存の理論は絶対的なものでないという思いを強く抱くようになり、とくに臨床的人間関係において、カウンセラーが強圧的になったり押しつけたりするのは、表面的で一時的な効果しか生じないと考えるようになった。次の例は彼自身がクライエント中心療法へと進む一つの契機として述べている有名なものである。

乱暴な息子をもったある母親との面接で、ロジャーズはおだやかに、しんぼう強く説得した。しかし、彼女はなかなか洞察に至らないので、ロジャーズと彼女は面接を中断することにした。その母親は、まさに部屋を出ようとしてドアに歩きかけた時ふり返って、「先生はここではおとなのカウンセリングはなさらないのですか?」とたずねた。「やっています」と答えると、彼女はすわり直して、結婚生活の問題、失敗と混乱の気持を語りはじめた。真のセラピーが始まり、面接は成功した。

この例についてロジャーズは、「何がその人を傷つけているのか、どの方向へいくべきか、何が重大な問題なのか、どんな経験が深く秘められているのか、などを知っているのはクライエント自身であるということです」と述べている。

当時のロジャーズは子どもを相手にすることが多く、その中では、環境療法と言われる方法に熱心だった。それは後のロジャーズからみれば過渡的であったが、次のような考えが中心であった。つまり、子どもは自分自身の中に、成長し成熟する動因と欲求をもっており、成長を促進する環境を創り出すことによって、子どもは健康になる、という考えである。この考えは結局、ロジャーズの思想の中核となったものの出発点といってもよいものである。

子どもについては、ロジャーズは「遊戯技法を通じた自己表現」に関心をもったが、このことは後に、彼の学生であるV・アクスラインによって、クライエント中心の遊戯療法として結実することになる。

ロジャーズ自身はあまり深く精神分析を学んでいないが、そのころの彼は、精神分析については、時間と費用がかかりすぎて実際的でない、現在を重視しない、科学的研究を好まない、先入観で解釈される、などの理由から批判的であった。

逆に、O・ランクらの意志療法あるいは関係療法の考え方には、ロジャーズは次の三点から好意をもっていた。

①治療における成長の源は患者の積極的な意志にある。

②治療者は治療の管理者ではなく、健康に向かって努力している患者の支持者である。
③過去の分析をするのでなく、治療関係における患者の自己洞察や自己受容に焦点をあてる。

ロジャーズは学者としては、最初ソーシャル・ワークの分野で活躍し、アメリカ応用心理学会が結成されてから初めて心理学者として活動を始めた。ロチェスター大学においても、はじめは社会学部で講義し、次にその講義は教育学部の課程にも組み入れられ、最後にやっと、心理学部の講義としても認められるようになった。

一九三九年に、ロジャーズの最初の主要著書『問題児の治療』（*The Clinical Treatment of the Problem Child*）が出版された。この中で彼は、さまざまな治療に共通する要素としてセラピストの四つの特質を考えた。それらは、客観性（受容と関心と深い理解を含む）、個人の尊重、自己理解、そして、心理学的知識であった。前三者は、それぞれ、後の「共感的理解」「無条件の肯定的関心」「自己一致（congruence）」に発展するものである。

この本が高い評価を得ることになり、オハイオ州立大学は、ロジャーズを臨床心理学の専任教授として招き、一九三九年一二月、ロジャーズ一家はロチェスターを離れた。

## 5　オハイオ州立大学時代

オハイオ州立大学で、ロジャーズはカウンセリングの教育と研究をおこなった。これは、スーパーヴィジョンを利用したカウンセリングの教育が大学でおこなわれた最初ではないかと言われている。ロジャーズは、セラピーを学ぼうとすれば、おこなっていることが分析できるようにするのは当然だと考えていた。

大学院生の求めに応じて、ロジャーズはセラピーに対する自分の考えを自分の言葉でまとめる必要がでてきた。ロジャーズによれば、クライエント中心療法が真に生まれたのは、一九四〇年一二月一一日、ミネソタ大学における講演においてである。当時、ミネソタ大学は指示的カウンセリングのE・G・ウィリアムソンがリーダーだった。そこでロジャーズは「この新しいセラピーの目的は、ある特定の問題を解決することではなく、個人が成長するのを援助し、それによって彼が現在および将来の問題に、より統合されたやり方で対処できるようにすることである……」と語り、情緒や感情を重視し、現在を重視し、成長体験としての治療関係そのものに重きを置いた。

クライエント中心療法は一九四二年の著書『カウンセリングと心理療法』(*Counseling and Psychotherapy: New Concepts in Practice*)によって「非指示的療法」として広く知られることとなった。とはいえ、当初この本は売れる見込みが少なく、出版社は相当に出版をためらった。しかし実際には一九七九年までに、アメリカだけで一一万部売れた(わが国でも一九六六年に翻訳されてからさかんに読まれた。二〇〇五年には全面的な新訳が出た)。

本書が強い影響をもった理由の一つは、最初の公けにされた面接の逐語記録が含まれていたということである。当時はまだ録音技術の揺籃期であったが、実証的研究を重視したロジャーズは、いち早く録音装置を整えた。その一つの成果が「ハーバート・ブライアンのケース」という一章である。これによって『カウンセリングと心理療法』のそれまでの章で述べられてきた理論が、文字どおり生命を与えられたのである。現在、当然のこととして考えられている、面接の完全な収録と発表は、じつにこの事例から始まったのである。

また「患者」のかわりに「クライエント（来談者）」という言葉が広く使われるようになったのはこの本以降である。患者とは「病んで、それを自分では治すことのできない人」であり、医者は患者のことを患者自身よりよく知っていて、治すことのできる人である。こういう両者の間でおこなわれるセラピーは「カウンセラー中心療法」であり、ロジャーズの立場とは相反するものである。ロジャーズは自分のセラピー観を語るうえで必然的に「患者」という言葉を使わず「クライエント」という言葉を使ったのであり、「クライエント」は彼の治療関係への考え方を象徴する言葉なのである。

ロジャーズは、当時から自分のセラピーを「クライエント中心」とも「非指示的」とも呼んでいたが、「非指示的」の方が頻繁に使われ、また、『カウンセリングと心理療法』に「指示的アプローチと非指示的アプローチ」という一章があったために、「非指示的」という呼び方が有名になった。

一般に非指示的というと、受身で消極的な態度を連想しがちであるが、ロジャーズのセラピーはセラピストの積極性を前提にしており、むしろアクティブ・リスニング（積極的傾聴）という側面をもっている。このことは本書の第2章以下でうかがえるとおりである。また、ロジャーズ自身が、通常予想されるような、柔和なだけの人ではなく、自分を積極的に押し出し、自分自身を生ききるタイプの人間であることとも関連している。

ロジャーズは大学院生の教育においても非指示的あるいは学生中心的であった。また、学生たちはしばしばロジャーズ家を訪れて、会話を楽しんだ。このころロジャーズとヘレンの二人の子どもディヴィッドとナタリーは思春期であった。彼らの家族関係は特別にすばらしいというものではなかったが、温かく豊かで相互信頼を感じさせるものであった。ディヴィッドは後に伝染病専攻の著名な医学者になり、父カールと共同で医学教育にエンカウンター・グループを応用し、ナタリーは後に芸術療法（表現アートセラピー）家になった。

オハイオ州立大学時代にロジャーズは、大学のあるコロンバスで地域のために多くの講演をしたり、公立学校の子どもたちの精神的健康状態を調査したりした。また、合衆国政府の要請により、空軍の射撃手の帰国後の軍隊での適応を改善する計画や、アメリカ慰問協会のカウンセラー訓練の計画に参加した。

ロジャーズはこのように活動範囲を広げたが、反面、大学の、とくに心理学部では次第に孤立していった。伝統的な心理学者はロジャーズを好まなかった。そこに、シカゴ大学からの招聘が来た。シカゴ大学ではカウンセリング・センターを創設することになり、ロジャーズの参加を求めてきたのである。ロジャーズは一九四五年にシカゴ大学に移った。

## 6 シカゴ大学時代

シカゴ大学時代の一二年間は、ロジャーズにとってもっとも生産的な期間であった。この間に彼は三冊の著書と約六〇の論文を出し、一九四六年から四七年にかけてアメリカ心理学会の会長をつとめ、多数の賞を得た。

シカゴ大学のカウンセリング・センターはロジャーズの肥沃な実験室であり、そこでのクライエントとの深い関わりは彼の理論の源であった。彼は毎週、七人から一〇人のクライエントに会った。

彼の「非指示的療法」はいまや全米に知れわたったが、ロジャーズは「非指示法」が単純なテクニックになり下がり、ドグマになって固定化してしまうことを警戒した。カウンセラーたちがますます「非指示的」になっていく一方で、ロジャーズ自身は一九四〇年代の終りには「非指示的」という言葉を避けて「クライエント中心」という言葉を使うようになった。さらに彼は、この時期から、著作の中で「私は……」とか「私の経験によれば……」という表現を使用することが多くなった。こういう用語法はロジャーズの姿勢の変化を暗示しているが、学術論文では珍しかった。

ロジャーズにとってカウンセリングとともに重要なものは、仕事仲間や学生たちとの関係であった。ロジャーズは厳密な意味ではカウンセリング・センターの所長ではなく、事務取扱いのような存在であった。ロジャーズは後年「ファシリテーター（促進者）長」という言葉を出している。その組織は形式的でなく、柔軟で、グループ中心的であった。権威的でなく、リーダーシップはグループのみんなで共有した。これはロジャーズのめざす民主的な組織であった。ロジャーズ自身も学生と共にある学習者（この言葉を彼は好んだ）であり、ロジャーズの下で働く、ということはありえなかった。

シカゴ時代の中期に、カウンセリング・センターの仲間たちとの議論や、カウンセリングの実践を通じて、ロジャーズは、受容と共感的理解に加えて、セラピストの三番目の条件として、自己一致を次第に取りあげるようになった。一つの転回点は、一九四九年から五一年にかけての次のような強い個人的な苦悩であった。

ある統合失調症的な女性クライエントへの憎しみと、援助せねばならないという気持の葛藤をきっかけにして、ロジャーズは自尊心を失い、自分と彼女との境界を失ってしまった。彼は図って、彼女を若い精神科医の同僚にゆだね、二、三ヵ月間逃亡した。逃亡以前にも彼は仲間の一人にセラピーを受けていたが、帰ってきてから他の仲間にセラピーを受け、自信をとりもどして回復した。以来、彼のクライエントに対するセラピーは、もっと自由で自発的になったのである。自己一致というセラピストの主体性の強調は、このような経験を通じておこなわれるようになった。さらに、それまでの「受容」という条件から「無条件の肯定的関心」という条件への変化もまた、この流れにのったものである。

ロジャーズは心理療法は科学的研究によって立証されなければならないと強く思っていた。一九四〇年代の終わり頃までには、すでに相当の実証的研究がおこなわれていたが、ケース数が少ない、統制群がない、変化を直接測定していない、などの欠点も多かった。カウンセリング・センターのグループは六五万ドルもの資金を得て、これらの欠点を改善した大規模なカウンセリングの実験を実施した。研究の結果は、一九五四年に『サイコセラピーとパーソナリティの変化』(*Psychotherapy and Personality Change*) として公刊された（この本については第5章でくわしく紹介する）。この研究もまた、不完全ではあったが、多くの測定法が考案され、研究方法上の進歩はめざましかった。ロジャーズは一九五六年に、アメリカ心理学会から科学上の貢献に対して賞を与えられた（後年、彼は職業上の貢献に対しても賞を与えられた）。

一九五〇年代の前半にはロジャーズとヘレンは冬の休暇をメキシコやカリブ海ですごす習慣ができ、そこで彼は他の分野の心理学のほかに、S・キルケゴール、M・ブーバー、J.-P. サルトル、A・N・ホワイトヘッドらの著作を学び、自らの理論の哲学的な意味を考えはじめた。その結果はいくつもの論文となったが、のちに一九六一年に『人間生成論』(*On Becoming a Person*. 邦題『ロジャーズが語る自己実現の道』) として結実した。

一九四六年から四七年にかけてシカゴ時代の初期にロジャーズが一年ほど性欲がまったくなく

なったとき、ヘレンは気長にロジャーズを見守って支え、逆にヘレンの母親がたおれたときにはロジャーズがヘレンを支えた。この間にクライエント中心の考え方は、教育、ソーシャル・ワーク、看護、宗教カウンセリング、経営などにまで広まった。

## 7 ウィスコンシン大学時代

一九五七年、ロジャーズは母校の一つウィスコンシン大学に移った。心理学と精神医学の併任教授としてであった。おもな理由は彼自身によれば、①心理学者と精神医学者が一堂に会し、共同で研究をおこなうことができる、②大学全体に影響を与えることができる、③住環境がよい、の三点であった。

このように彼は新天地を求めてウィスコンシン大学に移ったのだが、じつはそこでの七年間は「もっとも苦痛と苦悩の時期」であった。

ロジャーズはそれまでは「神経症的」なクライエントとの接触が多かった。ウィスコンシンで、彼は精神科医と協力して統合失調症の患者や普通の人びとにもクライエント中心療法が効果をもつか検証しようとした。研究者たちは間もなく、統合失調症の患者たちとは治療的な関係を作ることすら容易でないことを思い知るようになった。さらに、研究者間、とくにC・トルアックスの周辺で、研究の主導権をめぐって争いが生じ、トルアックスの一部のデータが紛失するなど、奇妙な出来事も起こった。

完璧をめざした研究は膨大すぎた。多年にわたる労苦とののしりあいの結果、一九六七年の遅きになってようやく出版された『治療的関係とそのインパクト――分裂病者との心理療法の研究』(*The Therapeutic Relationship and Its Impact: A Study of Psychotherapy with Schizophrenics*)は、しかし、すでに大方の人びとからは忘れられてしまっていた。研究の結果は治療群と統制群の間に有意な差を生じなかった。しかし詳細に見ると、自己一致と共感の高い場合には治療結果がよいなど、ロジャーズの基本的な理論を支持していた。また、統合失調症の患者に対するE・T・ジェンドリンの技法や、D・キースラーやトルアックスによるセラピストの条件の測定法や、ロジャーズ自身による体験過程尺度(ジェンドリンの影響を受けた)などの研究方法など、見るべきものもあった。

研究上のトラブルに加えて、ロジャーズが悩まされたのは、大学の運営に関する争いであった。ロジャーズは学生中心の教育をめざしていたが、大勢はそうではなかった。また彼は「直接コミュニケーション」を旨としていたので、誰に対してもいつも手紙などでストレートに意見をぶつけた。抵抗は多かった。

ウィスコンシン時代に、ロジャーズは依然として多くのワークショップに参加したり、講演をおこなったりした。中でも大きな活動は、日本訪問とスタンフォード大学訪問であった。

一九六一年の夏に、ロジャーズ夫妻は日本を訪れ、東京、京都、大阪などで講演したり、ワークショップをおこなったりし、大変な反響をよんだ。

このワークショップは、その後、ロジャーズが国外でワークショップをおこなうさきがけとなった。

一九六二年から六三年にかけて九ヵ月、ロジャーズはカリフォルニア州スタンフォード大学行動科学高等研究センターの客員研究員となり、そこで精神分析学者のE・エリクソンとイギリスの科学哲学者M・ポランニーに出会い、影響を受けた。

ロジャーズは、次第にウィスコンシン大学が何も与えてくれないと失望を感じるようになった。一九五九年にカリフォルニア州に西部行動科学研究所（WBSI）が創立されて以来、ロジャーズはその運営委員であったが、大学への失望が高まるに従って、研究員として参加する気持になってきた。西部行動科学研究所には自由があることが何よりも魅力であった。

## 8　カリフォルニア時代

一九六四年にロジャーズとヘレンは、カリフォルニア州ラホヤに移った。西部行動科学研究所は政府関係から多額の研究費が出ており、種々の研究が進められていたが、ロジャーズが特別研究員として参加してからは、エンカウンター・グループで世界的に有名になった。エンカウンター・グループはロジャーズの発明物ではない。一九四六年にゲシュタルト心理学で著名なK・レヴィンたちが、リーダーシップ・トレーニングのための一方法として開発した小集団訓練法（いわゆるTグループ）が最初と言われている。シカゴ大学カウンセリング・センターのロジャーズとその同僚もまた同じ時期に、小グループを試みていた。

ロジャーズは、それ以前に、自分の教育方法として、直接教えずに学生がみずから考えたり感じたりする過程を促進することをおこなってきた。これは基本的にはエンカウンター・グループにおけるファシリテーター（促進者）の役割と同様である。カウンセリング・センターは、当時、退役軍人管理局の要望により、帰国兵士のためのカウンセラーを多数至急に養成する必要があった。センターのスタッフは参加者の自己理解を深めるために、参加者中心のグループのプログラムを作成し、実施した。参加者の人間的成長が第一の目的であり、その結果として、他者を援助する能力が作られると考えた。以来、ロジャーズは何度もカウンセリング・ワークショップを実施し、参加者中心の学習をおこなったが、そこにおけるグループ体験についてはあまり語ってこなかった。今までは、彼の関心の中心は個人カウンセリングにあった。

シカゴで神経症的な人びとと、ウィスコンシンで統合失調症の人びとへの彼の理論と方法の応用を試みたロジャーズは、残りの普通の人びとへのアプローチを積極的におこなおうとした。普通の人びとは個人カウンセリングを受けることが少ないので、エンカウンター・グループはよい機会であった。

また、ロジャーズの伝記『カール・ロジャーズになる』（*On Becoming Carl Rogers*）の著者H・

キルシェンバウムによれば、ロジャーズがエンカウンター・グループに関心をもった個人的理由は次のようである。ロジャーズは少年時代には内気で敏感で、人間が好きだったが引っ込み思案だった。しばらくのちには、一見超然としているように見えるが、深い情緒的なつながりをもつ人となり、さらには彼は、他者との関係において自己一致した一個の人間全体であろうとした。ロジャーズは六〇年以上にわたって、もっと自分自身であり、自分自身を与え、他者との深い関係を得ようとしてきたのである。彼は努力して自己一致した人間になろうとし、他者に信頼を置いてきたのである。そういうロジャーズにとって、エンカウンター・グループは、自分の専門的な関心を満たしてくれるだけでなく、自分が自分の感情をもっと信頼し、自分の感情にもっと開かれ、他者との関係にもっと入っていくための重要な方法なのである。

一九六四年から六八年までの間に、ロジャーズは一日から八日間の数多くのグループにファシリテーターとして参加した。彼はまた、六八年には『自己への旅』(*Journey into Self*. 邦題『出会いへの道』) というエンカウンター・グループの記録映画の制作に、グループのファシリテーターとして参加した。この映画は世界の人びとに感銘を与え、アカデミー賞の長編記録映画部門でオスカーをとった。

さらに、エンカウンター・グループに関するロジャーズの考えは、著書『エンカウンター・グループ』(*On Encounter Groups*, 1970) で広く知られるようになった。この本以降、ロジャーズは専門家向けに語るのではなく、広く一般の読者に語りかけるようになった。

ロジャーズによれば、エンカウンター・グループは孤独で、現実感を欠き、非人間的で、存在感のない人びとへの現代のもっとも成功した発明である。

ロジャーズの旅はまだ終わらなかった。西部行動科学研究所では、一九六〇年代の終わりごろ、党派的な対立が生じてきた。ロジャーズらのエンカウンター・グループが有名になりすぎたために、研究所に固定したイメージができてきて、他の部門の人びとは不快を感じるようになった。また、きわめて自由で民主的だった運営方法にも不一致が生じてきた。例のごとくストレートなメッセージを伝えたのち、ロジャーズは約二五名のスタッフとともに、西部行動科学研究所から独立して、やはりラホヤに人間科学センター（CSP）を作った。一九六八年のことである。

人間科学センターの組織は西部行動科学研究所の組織と似ているが、もっと徹底して「非組織的」である。スタッフのほとんどは他に仕事をもち、そこから収入を得ている。事務部門のスタッフのみがセンターから給料をもらうのである。

ロジャーズは、エンカウンター・グループと学習者中心の教育とを融合させれば、大きな教育体系を変えることができると考えはじめた。ロサンゼルス地区のイマキュレート・ハート・コミュニティがこれに関心を示し、一九六七年に実験的な活動が始まった。当初は成果があがり、学校内の人びとのコミュニケーションが進展し、教育と学習と学校運営の変化がもたらされた。しかし、次第に反対者も増加し、後には目標追求型のグループが多くなった。つまり、そのころまでに発展してきた組織開発の考えと方法が必要だったのである。たんなるエンカウンター・グループだけでは不十分だというのが批判者たちの意見であった。数年後、ケンタッキー州ルイビルの公立学校で同様の試みがなされたが、このころになるとロジャーズの影響力は間接的でシンボリックなものになった。

一九六九年にロジャーズは、『学習の自由――教育はどうなるのか』（*Freedom to Learn: A View of What Education Might Become.* 邦題『創造への教育』）を公刊し、学習者中心教育の展開を論じた。この本もまた、学者層からは「表面的すぎる」とか「自分に都合のいいことをやっているだけ」という批判があったが、一般の人びとには広く受け容れられた。

ロジャーズの国際問題に対する関心は、二〇歳のころにさかのぼることができるが、一九七〇年代にはいると、国際問題に対してさかんに発言するようになった。

一九七一年にはヴェトナム戦争を批判した。また七二年には北アイルランド紛争をめぐって、敵同士となる人たちによるエンカウンター・グループを組織した。参加者は相互を十分に理解するには至らなかったが、人間としてステレオタイプ的でなく見るようになった。このビデオが『鋼鉄のシャッター』（*The Steel Shutter*, 1973）である。

その後ロジャーズはメキシコ、オランダ、ブラジルなど各国での大規模なワークショップにもたずさわり、日本人も多数参加した。グループはますます非構成的で自由な性質を帯びていった。共に歩んできた妻ヘレンは一九七九年に死去した。

一九七七年にロジャーズは、『人間の力――内部の力とその革命的インパクト』（*On Personal*

*Power: Inner Strength and Its Revolutionary Impact.* 邦題『人間の潜在力――個人尊重のアプローチ』）を出版し、家族関係やウーマンリブ、教育などの政治的意味を考え、人間中心のアプローチ（PCA）の衝撃を「静かな革命」と呼んだ。

ロジャーズは一九八〇年代になっても世界を回ってさかんに活動した。人間科学センターにおける長年のピース・プロジェクトの一環として、同僚たちと共同して国際的な会議やワークショップを開催し、中央アフリカ（一九八五年、オーストリア。ルスト・ワークショップ）や南アフリカの国際・国内紛争の解決に向けて努力した。ハンガリー、ソビエト連邦などでもワークショップを実施した。

ロジャーズは一九八七年二月四日、八五歳の生涯を閉じている。

ロジャーズの理論と実践が、当初、実証科学的な基盤を有していたことは確かであるし、その意味での心理学に対する貢献は多大である。現代の人間性心理学・心理療法の最重要の基礎を構築したといって過言ではない。

しかしながらロジャーズ自身の関心は、心理学の領域に留まらず、広く人間の自由、意見や立場の相違を乗り越えた相互の尊重と共同、国際平和の希求にまで及んでいる。ロジャーズは幼少期より思索的側面と活動性とをあわせもった人であった。また、みずからに正直であろうとし続けた。むろん偉大な人ではあるが、ある時点での自分を維持し続けるよりも、多くの困難に立ち向かいながら、理想に向かって終生歩き続け、変化し続けようとした人であった。

《文献》

Kirschenbaum, H., 1979, *On Becoming Carl Rogers*, Delacorte Press.

———, 2007, *The Life and Work of Carl Rogers*, PCCS Books.

Rogers, C. R., 1961, This is Me, *On Becoming a Person*, Houghton Mifflin.（村山正治編訳「私を語る——私の思想の発展過程」『人間論』ロージァズ全集第12巻、岩崎学術出版社、一九六七年）

———, 1967, Autobiography, *A History of Psychology in Autobiography*, Vol. V, E. G. Boring and G. Lindzey, ed., Appleton-Century-Crofts.（村山正治訳「ロージァズ」佐藤幸治・安宅孝治編『現代心理学の系譜Ⅰ——その人と学説と』岩崎学術出版社、一九七五年）

———, 1972, My Personal Growth, *Twelve Therapists*, A. Burton & Associates, Jossey-Bass.

——— and D. E. Russel, 2002, *Carl Rogers: The Quiet Revolutionary*, Penmarin Books.（畠瀬直子訳『カール・ロジャーズ 静かなる革命』誠信書房、二〇〇六年）

＊ 本章は、とくにKirschenbaum, 1979に多くよっている。

# 第2章 非指示的療法

この章では、ロジャーズの著書『問題児の治療』(*The Clinical Treatment of the Problem Child*)と『カウンセリングと心理療法』(*Counseling and Psychotherapy: New Concepts in Practice*)を中心にして、ロジャーズの初期の臨床活動およびそこからまとめられた考え方を追うことにする。ロジャーズといえば、クライエント中心療法、エンカウンター・グループ、PCA(パーソン・センタード・アプローチ)という言葉がすぐに思い浮かぶ。ここではそれらの源である「非指示的療法」、さらにそれ以前、ロチェスター児童相談所時代に子どものセラピーをする中で培ったセラピーの姿勢を概観する。それらを知ることは、その後のロジャーズを理解するためにも是非必要である。「受容」だ「共感」だとお題目のように唱えるだけの似《え》而非《せ》ロジェリアンになることのないよう、一方、どんな立場からにせよ、ロジャーズの理論と実践を批判しようとする人にとっても、ロジャーズの出発点に目を向けることが、新鮮にロジャーズをとらえなおす好機となるであろう。

## 1 『問題児の治療』

ロジャーズはこの本で、子どもの問題行動の原因や基盤ではなく、その行動をいかに改善し変えていくのかを考えようとした。すなわち、問題行動をもつ子どもを扱う現場では、実際にどんなことがおこなわれ、そのうちの何が治療に有効になっているのかを検討しようとしたのである。

この本を読むにあたって、もう一つ念頭に置かなければならない点は、盗み・指しゃぶり・怠学などの行動徴候ではなく、子どもを扱うのだという彼の姿勢である。基本的に「そのような問題は存在しない」のだし、治療もできないのであって、さまざまな背景とパーソナリティをもった子どもたちがいて、その中のある者が、何らかの問題行動を示すのだと考えるのである。これはあらためて噛み締めるべき言葉であろう。当時のロジャーズは、まだ非指示的療法という語を使っていないが、後になってそのような形で発展してくる彼の方法の基盤はすでに準備されていたと考えられる。

以下に『問題児の治療』の骨組みだけを紹介しよう。

ここには、彼の生涯を貫く問題意識と、その後のたゆまぬ歩みを支える哲学がある。それは、治療において何がおこなわれ、何が有効であり、できないことは何なのかを謙虚に、しかも冷静に見つめようとする科学者の態度と、強い好奇心である。

まず彼は、人間の行動を決定する要因について過去の文献を要約し、遺伝的要因、器質的要因、家族、文化的社会的影響、有機体としての欲求を取りあげ、それぞれが重みをもって複雑に相互作用を及ぼし合って行動徴候を生み出すとしている。また、「治療」もさまざまな分野のものがあるが、それぞれが各々の有効性とその範囲、限界をはっきりととらえなおすよう努力すべきだとしている。

治療行為の実際では第一に「診断」行為に注目する。それまでにおこなわれてきた、パーソナリティ・テスト、エゴ・リビドー法、ケース・ヒストリーの三種を挙げてそれぞれの原理と意義、用いられ方の例、短所を考察している。その結果、どれか一つをベストなものとすることには慎重であるべきだとしたうえで、構成因子法というものを提案している。この方法の詳細はここでは省略するが、注意したいのは、この評定方法を妥当なものにするために、九人の臨床家の評定を厳しく検討している点である。これは妥協を許さないロジャーズの姿勢の現われであり、たんに慣例としてとらえてきたそれまでの手段——診断方法に限らず、これから述べる治療方法においてもそうなのだが——の意義を根底から考えなおそうとするものである。結論として彼が理想的と考える診断方法は、①行動に影響を与える生活状況のあらゆる面を考慮に入れた、②明確に定義された概念のうえに立つ、③子どもの経験の中の事実間の原因・結果の関係を描き出す、④治療努力がもっとも有効な不適応領域を示す、⑤科学的・客観的なものである。とくに治療の可能性と限界を示せることを重要な目安とする謙虚さは学ぶべきである。

次にロジャーズは、実際の治療について述べる。まず、環境転換の手段として、里親制度、施設収容制度を取りあげている。また、調整をはかるべき環境として親、学校、その他の集団を取りあげている。それぞれの実態と業績を調査したうえで、ここでも有効性と限界を明らかにしようとし、理想的な委託先の像を考察し、また、それらを総合して「子どもを家庭から離す方法」全体の正当性についても根本的に問いなおしている。

次いでさまざまな面接法について述べる。そこではまず、セラピストの適性という興味深い問題に触れている。それらは①**客観性**——過度に陥らない共感的同一視の能力、純粋に受容的で関心のある態度、道徳的判断を下すこともなく、動揺したり恐れたりすることもない、深い理解を含んだ態度——、②**子どもの本来の姿への心からの尊敬**、③**セラピスト自身の自己理解**——自分自身、自己の顕著な情動様式、自分自身の限界と短所についての健全な理解——、④**心理学的知識**の四つである。しかし、心理治療者の根本的条件は、知的なものよりも、態度・情動・洞察の領域にあるとしている。さらに彼は、面接療法に適した子どもの条件も明らかにしようとしている。

このような前提に立って、実際の面接療法として、教育的方法（情報提供法）、説得（セラピストの個人的影響力を利用する方法）、感情表出法（カタルシス、遊戯法など）を挙げ、また、より深い治療面接として、解釈を中心にするものと、精神分析と、O・ランクに始まる関係療法を取りあげて詳しく検討している。この関係療法こそ後のロジャーズに多大の影響を与えたものである。

これらを考察したうえでロジャーズは、改めて治療の目標ということを考える。「子どもの治療においては何をなしとげたいのだろうか？」これは私たちが永遠に問い続けなければならない課題である。これに対して彼は解答を出さず、二つのタイプのアプローチを見出すにとどめている。第一は、一般に受け容れられている行動基準に子どもとその行動を一致させようとする立場であり、もう一つは、子どもの安定や幸福や内部的成長を、成就すべき目標とする立場である。しかし、どちらか一方のみで事足りるものではなく、すべて哲学者や各個人が解決すべき問題であって、簡単には答は出せないとする。その点をロジャーズ自身十分に論議したうえで、一人ひとりの専門家が、目標を明確に定義すればするほど、そしてそれが一貫していればいるほど、その治療努力は効果的になるであろう、と力づけている。

## 2 『カウンセリングと心理療法』

『問題児の治療』を著わしてから三年が経った。この間ロジャーズは、ロチェスターからオハイオ州立大学に移り、臨床家として教育者として着実に自分の求めるものを築いてきた。そのまとめが『カウンセリングと心理療法』であり、ここには、「非指示的療法」がはっきりとした形で出てきている。以下、『カウンセリングと心理療法』の章立てに従って、ロジャーズの考え方を辿ってみよう。

### ●カウンセリングの意義と役割

ひきつづきロジャーズの関心は「不適応者とか困惑している人とか、失敗者とか犯罪者とかいうような人びと」を取り扱う仕事であり、彼らがより建設的に人生の現実に直面し、問題に積極的に取り組めるようになるのに役に立てる面接であった。

まずロジャーズは、カウンセリングがどんなところでおこなわれているかを概観する。児童相談所、学生カウンセリング、成人のための精神衛生奉仕、ソーシャル・ワーク、工場の労務管理など広い領域においてこの方法が使われており、今後ますます重要性が増大するだろうと予測している。

一方、カウンセリングは万能ではないという観点から、他のアプローチにも言及している。それらは、何らかの予防的手段と環境調整によって、問題のある人を処置しようとするものであり、それぞれの目標とするものや特徴、根本にある考え方をはっきりと認識すれば効果をもつと結論している。

さて、ロジャーズは論を進めるにあたり、これまで、カウンセリングの「過程」についての研究がほとんどおこなわれていない現状を嘆く。そして、「カウンセリング経験を基盤としてその経験を検査できるような仮説を公式化すること」を提唱し、次のような基本的仮説を述べている。「効果的なカウンセリングは、クライエントをして、自分の新しい方向をめざして積極的に歩み出すことができる程度にまで、自分というものについての理解を達成できるようにする、明確に構成された許容的な関係によって成立するものである」。

## カウンセリングの新旧両見地

これにしたがってまずロジャーズは、さまざまな「カウンセリング」の実際を考察している。古い方法のうち、命令と禁止、訓戒、再保証や勇気づけを評判の悪いものと考えているが、これらは現在の日本でもいまだに多く使われているのではないだろうか。その明らかな無効性、そればかりか有害性についてはロジャーズがわかりやすく指摘しているので、是非、原著を一読されたい。また、ある条件をはっきりさせ、注意しながらおこなえば効果のある方法として、カタルシス、助言、解釈を中心に進める方法をあげている。

これに対して彼が新しい方法と呼ぶものは、以下に詳しく述べられる関係療法と呼ばれるものである。古い方法の仮説は、個人の目標を決定するのはカウンセラーである、すなわち、カウンセラーが〝最高の知者〟であるという一点に集約されている。これに対し後者の核心となる考え方は、目的を特定の問題の解決にでなく、個人の成長と自立性に置くという点である。他の注目すべき特徴は、知的な面よりも情動的な面にアプローチしようとする点、個人の過去よりも現在のその場の状況を強調しようとする点、さらにセラピーの経験そのものを変化としてとらえようとする点である。この方法は、O・ランクに始まり、J・タフト、F・H・アレン、V・ロビンソンなどによって修正を加えられてきたものである。とくにロジャーズは、後三者が彼自身に与えた影響の大きさを語っている。ロジャーズの非指示的療法がこの方法に刺激されて生まれてきたものであるだけに、ここで彼はその方法のすぐれた点を、具体的な面接記録をもとにしてかなり詳しく論じているが、ここでは紙数が許さないので省略する。

## カウンセリングはいつ必要とされるか

いよいよ実際の面接場面に入ろう。

クライエントの最初の話をきいて、カウンセラーはクライエントにとってもっとも有望な処遇は何かについて決定しはじめる。ここでロジャーズは、カウンセリングがもっともよいアプローチか、親子と別々に会うのがよいか、直接的なセラピーがよいか、環境調整をめざした方がよいか、などを示す規準、条件について論考している（ただし、ここでロジャーズは「カウンセリング」と「直接的なセラピー」の相違については触れていない）。

はじめて面接室を訪れたクライエントのどんなところに注目すべきかを考えてみよう。

**クライエントは抑圧されていないか？**　クライエントは、環境からの要請と個人との葛藤によりひき起こされた抑圧をかかえている。そしてカウンセリングが効果的でありうるためには、問題に直面する不快よりも、直面しないでいる不快の方が大きくなければならない。

**クライエントは自分が現に生きている状況に対抗できるか？**　クライエントは何らかの不利な状況に生きているかもしれない。カウンセラーは、クライエントが、自分の生活過程を変える行為をとるだけの強さや能力があるかどうかを評価し、今までとは別の満足や別の方法をとることが可能かどうかを判断しなければならない。

**このクライエントは援助を受け取ることができるか？**　カウンセリングは、クライエントが援助を欲し、しかもその事実を認知しているときにもっとも成功するらしい。とくに無理矢理連れて来られたクライエントが、面接を建設的に利用できるようにするための二つの条件がある。第一にそれは、クライエントにカウンセリング過程を始めさせるのは、相談室に無理矢理連れて来られたというまさに「その状況にいる」という一見価値のないような事実である。すなわち「その状況にいる」ということをクライエントが明確に認知し、話し合いを希望するかどうかを自由に決定させることである。第二に、セラピーの雰囲気を作り出すセラピストの技術である。クライエントが、カウンセリングに来ることに抵抗したことを表明することができ、それがカウンセラーに受容されるようにすることが必要である。

**クライエントは家庭の統制から独立しているか?**　とくに子どもや青年のカウンセリングにおいては、彼らが両親に情動的に依存し、その統制に服従している限り、カウンセリングは成功しないことが多い。人はある程度の洞察を得て生活状況に対する効果的行為をとる能力と好機をもつという仮説を考え合わせると、このような子どもの場合には、親との対立を招くのみであって、そのときカウンセリングは価値のないものになるとしている。

他にロジャーズは、年齢、知能、安定性について考察している。たとえば、年齢は一〇歳以下、五〇歳以上の場合、知能では境界線級ないしそれ以下の場合では、あまりカウンセリングは有効ではないだろうと述べている。また、器質的あるいは遺伝的な基礎をもっている場合には関与できないとしている。

また、一般にクライエントを援助するアプローチを選択するうえで必要と考えられている事例史については、結論から言えば、ほとんどの場合、当初の面接において表わされるクライエントの全体像に対して敏感であるならば、不要であるとする。というのは、事例史を収集し、報告を受け取るような態度はクライエントに、問題の解決の責任がカウンセラーの側にあると感じさせるからである。これはロジャーズがめざしているカウンセリングとは相容れないものである。しかし、それが必要な場合についても言及している。それは、自分の欠陥もしくは環境の破壊的な特質によって根本から妨げられている人の場合で、この場合、診断的研究なしにセラピーを開始すると、洞察を増すことによってますます絶望に追い込まれてしまうだろうからである。他の場合には、真のカウンセリングが起こっていれば、その中で事例史よりもはるかに日常の行動の決定的な様式が露わになるものだと考えている。

## カウンセリング関係の創設

カウンセリングの関係は一言で言えば、クライエントが今まで経験したことのないユニークな関係と言える。他の、たとえば親子関係、友人関係、師弟関係などとは、次の四つの点で大きく異なると考えられる。

**(1) カウンセラー側の温かさと応答的な態度**　ロジャーズは、「決して情動的に巻き込まれない」ことをめざす「分析家」とは違って、ある程度カウンセラーが巻き込まれることを認める。しかしこの際に気をつけなければならないのは、クライエントの要求に敏感であること、そして自分というものの同一性を保てるよう十分にコントロールができるようにすることである。巻き込まれ方は限定されなければならないという事実に直面すべきなのである。

(2) **感情を意のままに表現できるようにすること**　クライエントはたとえば親やカウンセラーに対するネガティブな感情をはじめ、どんなことを述べてもカウンセラーは道徳的な、判断するような態度をとらない。ここでたった一つ与えられる条件は、それらの表現はクライエントが無理にでなく、表現できる範囲内でなされるべきであるということである。

(3) **しかしクライエントには明確な行為の制限が加えられる**　これは、クライエントが自分を洞察するのにその場面をより有効に利用できるようにするためである。後に、この制限については詳しく論じられるが、これらはクライエントに、セラピー場面を、自分の生活を特徴づけている一切の基本的特性に直面させるための小宇宙たらしめるものなのである。

(4) **あらゆる圧力や強制から解放されていること**　クライエント自身の成長・発展をめざすために、カウンセラーはその時間はクライエントの時間であるということを肝に銘じ、自分自身の先入観や欲望を押しつけるようなことはすべきではない。

以上のような特質をもつ関係の中で、クライエントは自分のありのままのさまざまな面に直面することができるようになる。

それでは、クライエントはカウンセリング場面をいかにしてそのようなものとして認知するようになるのだろうか。それらはカウンセラーが言葉でどんなに説明するよりも、クライエントが面接の中で実感として経験できるような、カウンセラーの応答によって実際に伝えられることが大事だとしている。面接の中でそれが具体的にどうおこなわれるかは以下本書の全体を通して述べられているのだが、このことは、クライエントが問題を抱えている学生であっても、子どものことで相談に来た親であっても、プレイ・セラピーを中心にする子どもであっても同じである。ただし、制限を設定するには言葉が有効である。この制限について少し詳しく見てみよう。

制限を設けるという考え方は、カウンセラーの、クライエントに役立ちたいと思う気持からすれば一見矛盾した、不必要なやり方と思えるかもしれない。だが次のように考えてみよう。事実、クライエントはカウンセラーに対していろいろのことを要求してくる。もしカウンセラーがこれに応じていると、最終的にはカウンセラーの手には負えないほどのものになる傾向がある。しまいには、カウンセラーの援助しようとする愛情や欲求は、結果的に忌避や嫌悪へと変わり、クライエントは「大事なところでまた裏切られてしまった」と感じてしまう。この意味で制限は設けられるべきなのであるが、大切なことはその制限が明瞭に示され、理解され、効果的に使用されることである。具体的な制限を考えよう。

**(1) 責任の制限**　クライエントの問題や行為の責任はクライエントに委ねられるのがもっとも援助的である。クライエントは、自分の問題の解決をカウンセラーに委ねようとする傾向が強い。たとえば、子どもの問題でカウンセラーを訪れた母親は、「もうあらゆることをやってきました。先生はこの問題について研究していらっしゃるのだから、根本的な原因をみつけて教えて下さい」と、明らかに問題を解決するのがカウンセラーの役目であると訴える。それに対し、経験の浅いカウンセラーは、母親から子どもの話をきき問題の原因を探り、解決するための方針を見出そうと動きがちなのである。だが、ロジャーズは、そのような機会を利用して、カウンセラーが、子どもの問題に対する母親の関係や、その関係により建設的に対処しうる方法について考慮する場合に、彼は、母親の役に立てるであろう、という。もし、その時点で母親がセラピーを拒否するとすれば、好ましくないことかもしれないが、誤った基盤の上でセラピーを継続するよりはよい。その制限の中でクライエントは日常の生活のパターンの意味を理解しようとし、そのパターンを意識化するようになるのを援助されるであろう。

(2) **時間の制限**　時間を設定されることでクライエントは憤りを覚えるかもしれないし、傷つけられたと感じるかもしれない。あるいはセラピストの拒否の証拠とみなすかもしれない。そして次の時間に遅れるとか、すっぽかすとかして恨みをはらそうとするかもしれない。しかし、セラピストはこの点を論じようともせず、そのような行動に反応しようとするのでもなく、ただ、クライエントの反応の背後に潜む感情を明確化するよう努力するだけである。

(3) **攻撃的な行為の制限**　これは幼児とのプレイ・セラピーにおいて適用されるとしているもので、他人および他人のものを傷つけることに対する制限である。「きみは、私のことをいまいましく思いたかったら思ってもいいんだよ。でも私を叩いてはいけないんだよ」という形で、攻撃したい感情が認知されれば、攻撃しようという欲求は必ず減少される。初歩のセラピストは、十分に構成された場面の価値を低く評価していて、とくに、問題をもっている子どもがこれらの制限を受容するであろうという自信をもっていない傾向がある。

(4) **愛情の制限**　拒否されているクライエントは、だいたい贈り物を欲しがる。贈り物をくれる人が大好きである。しかし、いったん贈り物をすると、次々にエスカレートしてくる場合を考えてみよう。そのクライエントは、このような愛情には限界があるという事実に接することができるか？　あるいは日々の生活の中で、贈り物によっては示されない愛情を受容することを学べるか？　贈り物をことわることが必ずしも拒否を意味するのではないことを実感しうるだろうか？　セラピーは、クライエントにとって単純に「素晴らしい」というだけのものではないのである。たとえ制限があろうとも、その関係は満足のいく関係になりうるということを学習することこそ、建設的な意味をもつのである。

これをカウンセラーの側からみれば、次のような価値があるとロジャーズは考える。制限を明確にすることによってカウンセラーは自分の機能を明瞭にすることができる。そして、クライエントの欲求に引きずり込まれないようにするための防衛が不必要になる。同時にクライエントの要求に対して敏感になることができ、カウンセラーはより自由に気楽に効果的に機能できるようになるのである。

さて、ここに新たに現実的な問題が出てくる。それは、このタイプの関係がどのように現実生活におけるカウンセリングの関わる場面に適合しうるかという問題である。教師と生徒、スクール・カウンセラーと生徒、裁判所員と犯罪者、民生委員とそれを利用する人、企業の人事係と社員との間では、その本来の仕事と、カウンセリング的援助とを両立することが可能か？　これには「権威」ということが関わってくる問題だとロジャーズは考え、一般的にはこれらは両立しないという見解をとっている。そのような職にある人が、カウンセリング関係のみに力を入れようとすればどうなるかは想像に難くない。そこでロジャーズは、そのような場合には、①カウンセリングの枠組みの一部として権威を受容する、②それぞれの場面できちんと使い分ける、③その組織の中で両者の機能を分離させるという三つの立場を考察し、どれも十分とは言えないが、三番目のものがもっとも見込みがあるものとしている。

## 指示的アプローチと非指示的アプローチ

より具体的に非指示的療法の実際を考察する前に、もう一度、指示的療法との比較をしてみよう。これは、「非指示的療法で、クライエントの問題を解決できるのか」という素朴な疑問に始まる。

もっとも大きな違いは、カウンセラーが面接過程の指示をする責任を負うか負わないかということである。指示的アプローチにおいては、カウンセラーがクライエントの問題を発見・診断・処置し、主導権を握る。クライエントは、カウンセラーがその仕事を遂行しやすいように協力し、自分についての情報を与えるという機能を果たすのである。この立場は、カウンセラーの「そうすると、あなたの問題は……というところにあると思われます」という発言に代表される。しかし、それに対しては次のように問わなければなるまい。「カウンセラーが発見したものが本当に問題なのか」と。さらにまた、この立場では、いかにカウンセラーがその作業をうまくやってのけたとしても、そこから得られる結果は、クライエントをカウンセラーに依存させているものだということ、同時に、その方法ではクライエントは将来生じてくるかもしれない問題に対して相変わらず自分を信頼してことに当たることができないだろう、ということが予測される。

指示的カウンセラーと非指示的カウンセラーの応答を細かく分析した研究によれば、面接中の発言数は前者において圧倒的に多くて積極的であり、そのもっとも多い技術としては、「特定の質問を発し、解答をハイ・イイエ、もしくは特定の報告に限定する」ようなものであった。これに対し非指示的アプローチのカウンセラーがもっとも多く用いる技術は、「クライエントが表明したままの感情や態度を何らかの方法で認知する」というものであった。

だが、より興味深い発見は、指示的カウンセラーが自分では非指示的な方法をとっていると考えているということであった。実際にカウンセリングをしている読者で、自分の面接が非指示的なものになっているかどうか気がかりな方のために、ロジャーズが用意している判断の方法をあげてみよう。①カウンセラーの会話だけを読んで、面接の要点、一般的な傾向をとらえることができれば、この面接は明らかに指示的である。②クライエントの項目だけを読んで、面接の全体像を適切にとらえることができるならば、それは明らかに非指示的である。③いずれか一方の項目だけを読んでいたずらに混乱させられ、カウンセラーの項目によってもクライエントの項目によっても、それだけでは面接の要点に関する全体像がほとんど得られないならば、その面接は、指示性、非指示性のどっちつかずである。

そもそも、両者の相違の背景には、カウンセリングおよび価値の哲学におけるより深い相違がある。指示的方法では、カウンセラーはクライエントより優れており、クライエントには、自分の目標を選択するに足るだけの責任を負うことができないという考えが言外に含まれている。一方、非指示的立場のカウンセラーは、クライエントの人生目標がたとえカウンセラー自身が望ましいと考える目標に合っていないとしても、みずからそれを選択する権利があるのだという仮説に立っている。非指示的見解は、心理的に自立し、自分の心理的な統合性を維持するすべての人間の権利に価値をおいているのである。同時にロジャーズは、非指示的方法の限界として、この方法はたとえ援助されても自分自身の困難を解決するだけの能力のない少数の人びと——精神病患者、精神障害者など——を取り扱う唯一の方法ではないとしている。

## 自由に表現するようにすること

具体的に面接場面の中に入っていこう。

ロジャーズのカウンセリングの目標の一つは、問題や葛藤の中心になっている思考や態度、感情や、情動的に苦しんでいる衝動を露わにすることである。このような方向でクライエントを援助するために、カウンセラーは、どのように面接場面を取り扱ったらよいのだろうか。

このためにはまず、クライエントが自分の気持を表現しやすくすることが要請される。それは具体的には次のような心構えで面接場面に臨むこととしてまとめられる。

**クライエントこそ最上の案内人である。**二つの職業のうちのどちらを選んだらよいかわからないと訴える学生がいる。彼はどちらに決めても全く等しい価値があると思っている。だから彼にとってはそのジレンマは解決不可能にみえる。しかし、彼が話を進めるにつれ次のようなことが明らかになってきた。大学を選択したときにも二つの間で迷い、友人に介入されてやっと決められたこと、またどの映画館に行ったらいいか決められずに仲間のリードに従うことがよくあることなどである。すなわち彼の問題の本来の形態がその情動的要素にあるらしいこと、そして不決断が彼にとっては何らかの価値をもっているということである。この例にみられるように、一見知的な問題の裏には認知されていない情動的要因があることがある。このように、カウンセラーはクライエントが自由に語る中でクライエントの感情のパターンを認め、それに従っていくことでもっともすみやかにクライエントとカウンセラーによって問題が理解されると考えられる。

カウンセラーが習得するうえでもっとも難しい技術は、クライエントが語る知的な内容にだけでなく、**表現されている感情に注意を向けて応答する技術**である。クライエントを効果的に援助するためには、カウンセラーは、クライエントの話の知的な内容に随伴する態度を認知して表現しなければならない。それは具体的には次のような態度である。面接を方向づけないような**中立的**

応答。クライエントが明らかに感じているものに直接的に応じること。クライエントが表現している態度を単純に再構成して感情を明確化し、自分が理解されているということをクライエントが実感するようにすること。例を示そう。

この学生は成績が最初の時よりも悪くなったと話している。

……両親はきっと、カンカンになるだろうと思うんです。きっとカンカンになりますよ。前にもそういうことがあったんです。〝それはおまえが悪いんだ。おまえは意志が弱いんだ。勉強する気がないんだ〟って言ったんです。そういうことが前にもあったんです。それで、そういうような欠点はよくなっているとかなんとか、両親に話してあったんです。事実——第一学期はよかったんですけどね。そりゃあ、全部よかったわけじゃあなかったんですけど、今はもう、てんでダメなんです。（沈思）

これに対し、「君は、両親が全然理解がなくて、ただ君の落第を責めるだけだ、と思っているんだね」とか、「君は、両親がこれまでやかましやだったんで、それがこわくてこのことが知られないようにしているんですね」とか、「君はこういうようなことはすべてこれまでに経験しているんで、どんな目に会うかわかっているんですね」と応答することで、クライエントは次第に当面の問題よりも基礎的な情動を表わすようになる。そして、そこから得られる素材こそがクライエントの問題にとってもっとも適切な素材となるのである。一方、知的な内容のみに応答する場合は次のようになる。先のクライエントの陳述に対し、カウンセラーは次のように言うかもしれない。「以前にご両親はどんなふうにあなたを非難したことがあるの？」「きみは自分の意志の力についてどう考えているのですか」これでは、面接の方向がカウンセラーの関心のパターンに従ってしまい、クライエントの本質的な問題が明らかになるのが遅くなり、面接の内容があれこれと移動してしまう。そしてもっともひどいときには、そのことが、クライエント自身の問題を表現するのを妨害してしまうのである。すなわち、クライエントの側からすれば、自分の問題の重要な面から離れさせられてしまうということになるのである。これを整理してみると次のようになるであろう。カウンセラーがクライエントの陳述に対して知的な基盤で応答している限り、クライエントの真の考えや言葉ではなく、カウンセラーの考えや言葉で問題を決定し解決することになる。一方、カウンセラーがクライエントの陳述の感情に対して注意を払いその要素に応答するなら、クライエントは深く理解されていると感じて満足を覚え、さらに進んだ気持を表現するようになり、効果的・直接的にクライエントの適応の問題の情動的な根幹へと導いていく。

以上、語られていることについての感情の調子を大切にすることについて述べた。しかし、これは容易に知覚することもできないし、同時に、それを実行するのが難しい場合もある。それは、否定的な感情が、クライエント自身やカウンセラーに向けられた場合である。クライエント自身にそれが向けられた場合（たとえば「自分はもうダメだ」「私は人に愛される価値の全くない人間だ」「自殺したい」など）には、カウンセラーは、それは事態を誇張しすぎていると言いきかせたりしたくなる。たしかにそれは客観的には論理的で正しいかもしれないがセラピー的ではない。カウンセラーは、クライエントがこのような感情にはっきりと直面し、それが何に対する感情であるかを認知し、彼がそのような感情をもっていることを認知するように援助すべきである。次いで、もしもクライエントが、自分は無価値であるとか、異常であるとかいうことを証明する必要がなくなれば、彼は自分というものをもっと気楽に考え、自分というものの中にもっと積極的な特質を見出すことができるし、事実そうするのである。

一方、否定的な態度がカウンセラーに向けられた場合、カウンセラーは自分自身の防衛に専心しようとするかもしれない。ここでも、しかしカウンセラーは、クライエントの感情を明らかにするよう援助すべきなのである。

さらに難しい場合がある。それは、はっきりした態度ではなく、矛盾憧着した態度に対する場合であるが、ここでも基本は同じであって、それを矛盾憧着した態度として、よりはっきり認知することである。「君は援けを求めに来たい。けれども、まだとても来にくいときもあるんだね」というような具合である。私たちが陥り易い誤りは、カウンセラーにとって価値があると思われる方には目を向けるが、もう一方をないがしろにしてしまうという点である。

全般的にみて、クライエントはカウンセラーやカウンセリング場面に対して肯定の感情を示す。この感情を、一人の人間としてのカウンセラーに向けられているものではなく、そのときのクライエントの苦痛や満足のために、カウンセリング経験に向けられているのだということを知っておくべきである。肯定的な感情を述べたとしても、それはその場面の偶然的な一部として受容することで十分であり、いつか、自由に否定的な感情をも出せるようにしておくことが必要である。その背景には、「あなたは今、私に対して非常に温かさを感じている。しかしまた、怒りっぽく感ずるときも来るかもしれないし、また、たしかにもはや、この関係を必要と感じなくなるような時も来るでしょう」とでもいうような心構えが必要である。

また、「抵抗」という概念に関しては、「クライエントの問題や感情についてのクライエントの表現をカウンセラーが取り扱う技術が貧困なために生ずるものなのであって、カウンセラーが不賢明にも、クライエントがまだ直面できない状態にある情動化された態度を論考しようとするために、生ずるのである」。

以上のように、カウンセリングにおいてはクライエントの感情に応答することが大切であるとロジャーズは考える。しかし、ここに陥り易い危険があるとも彼は付け加えている。それは、クライエントが自ら語る言葉の中にほのめかされているか、もしくはカウンセラーが、クライエントがもっていると判断した態度、しかもクライエントが未だ抑圧している態度を、カウンセラーが言葉で明確に表現してしまうことはクライエントにとってきわめて強力な脅威になるように思われ、憤まんや抵抗を生じ、場合によってはカウンセリングを破壊し去るかもしれないというものである。ロジャーズは録音された面接からこのことを例証している。カウンセラーはあまり急ぎすぎることなく、表明されるがままに情動的態度に応答していくように留意しなければならない。

他に彼は、それほど重要でない誤りとして、カウンセラーがクライエントの感情を不正確に認知した場合と、クライエントが自分の問題に関する態度をカウンセラーが把握できないような語り方で語る場合を考えている。前者の場合には、カウンセラーが自分の誤りを単純に受容し、議論しなければ害にはならないし、後者の場合には中立的に「私にはどうもまだよくわからないのですが」とか「それについてもう少し話してくれませんか」と応答すればさらに進んだ表現をもたらすことが多い、としている。

次に特徴的なクライエントのことに目を向けてみよう。まず、**抵抗するクライエント**。この抵抗は沈黙によって示されることが多いのであるが、それはカウンセラーやクライエントが直面している全てのことに対する敵意だと考えられる。この感情と、クライエントが話し合いに反対しているということを認知し、さらにその感情はカウンセラーによって受容されるということを明らかにすることでこの抵抗は大きく取り除かれる。また、もっと徹底的に抵抗しているクライエントに対しては、その敵意を認知したうえで「もし、あなたさえよかったら、苦痛のない話をしてもいいんですよ」と、ある程度中立的な調子の会話も必要であると考えている。カウンセラーがしてはいけないことは、辛抱できなくなって問題にさぐりを入れたり、質問したりすることである。次に、**「いったいどうしたらいいのでしょうか」と解答を要請するクライエント**。このようなクライエントは解答を望んでいるのではないということが一つの事実として証明されているという。彼らがもくろんでいるのは、カウンセラーをクライエントの側に引き入れて、クライエントがカウンセラーから受容されたいとはじめから念じている解答を与えてもらうことか、情動的に受容されがたい解答が与えられる場合に、カウンセラーを自分の敵意に対する象徴として利用することとなるのである。

クライエントは、自分の能力と欲求に応じて自分で解答を見出す場合に満足を覚えるのである。自由に表現することの価値を、ロジャーズは次のようにまとめている。まず、クライエントは、抑圧されている感情や態度から情動的に解放され、自分というものと周囲の状況について客観的になれる。次に状況を探索できるようになる。同時に自己の理解も明らかになり、合理化したり否認したりという防衛なしに自分のさまざまな様相に直面できるようになる。そして、隠されている自己がカウンセラーによって快く受容されていることに気づいてくると、それまでは露わになっていなかった自己を、自分の一部として受け容れられるようになるのである。これこそが、次に考察する洞察のはじまりと考えられる。

### 洞察の達成

この過程は、深い情動的随伴物をもった学習によって構成される。あくまでもロジャーズは録音された面接を素材として、現実的に論考をすすめている。

まず、洞察がクライエントにとってどのような意味をもつかについて次の三つにまとめている。①古い諸事実を新しい関係において見ること、②自己理解の漸進的増大、③自己の認知と受容。

これらを、息子の精神的欠陥という事実を決して受容しない母親の例をあげて説明している。多くの専門家が説明しているにもかかわらずその事実を認めない彼女は、カウンセリングの受容的な場面の中で自分の感情を自由に語ることが許されたとき、洞察を発展させ始める。ここでは紙数の制限から記録を載せられないので、わかりにくいが、まとめてみると次のようなことが起こったと考えられる。

息子の問題自体は、以前と何も変化していない。変化したのは、彼女自身の問題の見方なのである。「医者はほんとうのことを何も教えてくれない」と興奮して語る彼女に対し、最後にカウンセラーは「もう奥さんはほんとうのことをご存知じゃないんですか」と言う。長い沈黙のあと彼女は静かな調子で「わたくしそれを知りたくありませんの。信じたくありませんの。知りたくないんです」と、事実を新しい関係から見(①)、涙を流して訴える。ここにおいて、彼女は問題の一部として、自分自身の態度を考え始め、改めてその状況の中に自己をよりよく理解するのである(②)。この過程は他人が指摘しても決して成功するものではなく、クライエント自身が達成する一つの経験である、とロジャーズは考える。洞察は、個人が十分な心理的力の強さを発達させて新しい知覚に耐えられるようになってはじめて、少しずつ生起するものである、と。これにともなってこそ人は、それまで状況の中で何をしてきたか、を理解できるようになる。さらにこの洞察が純粋なものであるならば、それに基づいて新しい方向で何かを実行するという動きが出てくる。しかし、それにはさらに勇気と、時間とが必要である。そして、この洞察が発達すると、自分のうちにある抑圧された衝動をも認知できるようになる（3）という。自分の中の否認したい部分を認められるようになれば、防衛せずにその防衛的な補償的態度をとらなくてすむからである。

発展していく洞察は多様であり、豊かであり、それだけ、その時点だけを取り出して説明することはできない。ロジャーズは、継続した面接の中で洞察がどう進んでくるのかを一六回の面接をおこなったクライエントについて分析している。そして結論として、一人のクライエントについてそれぞれの方法で洞察の意味を考えるべきであるとしているが、これは大いに参考になろう。

次に、カウンセラーは、洞察を促進するために何をすべきかを見てみよう。

ロジャーズは第一に、洞察を創造しようとしたり、もたらそうとするカウンセラーの努力は逆に洞察を引き延ばしたり不可能なものにしたりすると述べる。この点に関しては徹底的な自制が必要である、と。すなわちカウンセラーの目的とすべきことは、今まで述べてきたこと、「いっさいの防衛性、自分のいろいろの態度を明らかにすべきではないという感情、カウンセラーが批判・示唆・命令したりするかもしれないという懸念を払い落とすようにクライエントを援助すること」なのである。たしかにカウンセラーは、クライエントに一、二回会うと、その問題を指摘したいという誘惑にかられる。しかし、この解釈が的確であればあるほど、かえってクライエントに拒否され、以後クライエントを防衛的にさせてしまうようなのである。あくまでも、洞察はクライエントによって達成される過程なのである。しかも、その洞察が達成されたからといって、カウンセラーは賛同しない。今までと同じように、生起したままに受容するだけである。

最後にロジャーズは「洞察とは何か」をまとめている。彼はこれを、本質的に新しい知覚の仕方であるとする。それは第一に、さまざまな事実を新しい関係の中で見るようになることである。第二は自己の受容。すなわち、それまで自分で考えていた自己と、自分には受容できない衝動との関係を知覚すること。そうすることによってクライエントはそのような衝動を自分の一部として許容できるようになる。第三は、洞察がもたらすものに関してだがあまり認識されていないものとして、純粋な洞察を得ると、より満足できるような目標をクライエント自身が積極的に選択するということである。この選択の特徴は、直接的・一時的満足よりも、直接的ではないが永続的な満足を与えるような目的を選ぶということである。

その選択に続いて、それを実行するという行動がともなう。その行動は客観的にはあまり重要なものとは思われないものかもしれないが、大切なのはその方向である。

このようにして徐々にみずから選択し行動するようになったクライエントは、自分で積極的に行為できることを喜んでいるようにみえる。このときから徐々にカウンセリング関係の終結ということが考え始められる。

## 終結時の諸様相

ロジャーズがめざすカウンセリングの目的は、クライエントの問題をすべて解決することではない。「満足すべき生活は、問題のない生活にあるのではなく、統一された目標をもち、たえず問題に取り組んでいくにあたり、基礎的な自信をもつ生活にある」という考え方に代表される。カウンセリングが終結に近づくと、クライエントはこのようなことをそれぞれの言い方で述べるようになり、また実生活においても、これを裏づけるような形で積極的にみずから選択し行動するようになるものである。が、かえってここで、今まで避けることをめざしてきた示唆や助言がはじめて役に立つ場合が出てくる。この再教育はクライエントが自分の新しい目標に達するうえで役に立つ知識を与える、という形で登場するのである。それは、クライエントの洞察を誇張し、今までの成果としての、自ら積極的に行動することを増強するだけの意味しかもたない。

こうして終結へと向かうのだが、この段階においても再び考えるべき問題がある。

クライエントは終結の可能性を感じてくると、次のような矛盾した複雑な気持を表明してくる。つまり、カウンセラーのもとを離れると再び問題が起こってそれに対処できなくなるのではないか、あるいは、自分が去ることでカウンセラーが悲観するのではないか、また去った自分を恩知らずと思うのではないかなどという気持と、一方、自分の力を信じ、問題に自分で取り組みたい、そしてカウンセリングを離れたいという気持である。

この矛盾した気持をカウンセラーが適切に扱うならば、すなわちクライエントが表現した両方の感情をそのままにはっきりと認知するならば、それがまた新しい洞察の材料となる。その雰囲気の中でこそクライエントは再び、着実に去って行ける見通しをつけられるようになる。

しかし、もしクライエントの自立性が達成されたことを認めたカウンセラーが自分の方からこれを話題にするならば、クライエントは、当初問題になっていた恐怖や疑惑や葛藤などを再び表面に出してきたり、いくつかの新しい問題を出して、そのためにまたもやカウンセラーの援助が必要であると言ってくるという反応を示す。このときにもカウンセラーは、それらの問題がクライエントにとって援助なしには解決できそうもないのだという感情を受けとめるにとどめよう。クライエントにとっては、自立と成長を感じる満足の方が大きいのだから。

しかし、そこには当然、終結すること、関係を終わりにしなければならないことにともなう健康な喪失感や、残念だと思う感情もある。これは十分に認めておくべきである。

さて、終結が近くなると、もう一つ、興味ある現象が起きてくることが認められている。それは、クライエントがカウンセラー個人に関心を抱くというものである。それは成長し、カウンセラーと心理的に対等になろうと感じ、今までの関係を解体することを考え始めるところから出てくる行動なのであろう、とロジャーズは考えている。たとえばそれは具体的には、是非ともカウンセラーを家に招待したいという申し出によってなされるかもしれない。だが、ここでもカウンセラーは、社交的でない関係の中で話し合いを終わりにする方がよいとロジャーズは考える。

このような過程でカウンセラーはどのような役割を果たすのかをまとめてみよう。まず、クライエントの自立性が増したら、この話し合いはいずれ終了するのだということを理解しておくこと。これを怠ると、クライエントの方では、カウンセラーは自分が去るのを欲しないのだと感じてしまう可能性がある。また、同時に、問題が全て解決されてもいず、洞察も完全でないからといって、クライエントを自分のところに引きとどめておくべきではない。カウンセラーが満足を得るのは、クライエントが成長へと向かって進歩していることからだけなのである。また、中には終結のために時間制限をカウンセラーから設定しようとする考え方もあるが、ロジャーズはそれはあくまでもクライエントがすべきで、カウンセラーはそのことにともなって生ずる問題をさらにここでも明確にするような役割をとるべきであるとしている。

さて、この問題の終わりにあたって、うまくいかないカウンセリングの終結という問題が提出されている。カウンセリングの失敗は大きく分けて、クライエントがカウンセリングに適していないためによるものと、今まで述べてきたカウンセラーの援助ができないためによるものとの二つがあるようである。

さて、カウンセリングが道に迷っているように思われるとき、具体的には、理解できない抵抗に会うとか、いつまでもクライエントが依存するとか、事態が全く同じであるとかいうとき、まずカウンセラーはその原因をさぐるであろう。その視点は、「自分はあまりに指示的ではなかったか、成果を急ぎすぎていなかったか、解釈が拙劣でなかったか、むしろカウンセラーが自分のやり方で問題を解決しようとしていなかったか、クライエントが自分の感情を表明するのを妨げるような行動をしていなかったか」などである。このようにして原因が取り除かれれば、再び建設的な結果にむかって歩み始めることができる。

しかし、その努力にもかかわらず——カウンセラーが自分の誤りを認めることに対して防衛的であったり、それを指摘してくれるスーパーヴァイザーや同僚がいなかったりして——カウンセリングが失敗する場合ももちろんありうる。このときには、両者が率直に失敗を認めることができるようにすることが大切である。「全然進歩していないように思えるのですが、おそらくそれは、わたくしが未熟なためと、あなたが本気になっていないためなんでしょう。とにかく、だれかを責めるというようなことはなしにして、わたくしたちがよい結果を得ていないことは明らかなんです。話し合いを中止しましょうか？　それとも、もっと満足のいく話し合いを見出せるという希望のもとに、もうしばらく続けてみたいですか？」と。すなわちこれは、今陥っている行き詰まりが明確に述べられ認知されれば、クライエントもカウンセラーもあまり情動的になることなくそれを受容でき、それを取り除く道が発見できるようになると考えられるのである。進歩がないならば、そのカウンセリング関係は長引かされるべきではない、ということは強調されるべきである。なお、ロジャーズは、カウンセリングの長さについて、クライエントの不適応の程度と、進んで援助を受けようとする態度、加えてカウンセラーの技能の程度にもよるが、もしカウンセラーが今まで述べてきたような点からみて理想的に行動していれば、六回から一五回くらいでクライエントは自分の問題を処理できるようになるだろうと述べている。行き詰まっているということを明確に述べて中止することがかえって可能性を開いた例として、ロジャーズは第1章9ページに掲げたある母親との面接を示してくれる。

### 実際的な諸問題

最後にこの『カウンセリングと心理療法』においてロジャーズは実際的な諸問題として、一回のカウンセリングの時間はどれくらいがよいか、次の面接までどれくらいの期間を置いたらよいか、面接の約束が守られないときカウンセラーはどうすべきか、カウンセラーは面接中にノートをとるべきか、クライエントが真実ではないとわかるような陳述をした場合にはどうするか、料金を課することはカウンセリングに影響するか、カウンセリングは友人や親族の者とも遂行できるか、カウンセラーとしての資質、カウンセラーの訓練はいかにあるべきか、などについて論究している。これらは大変興味深く、参考になるものなので、是非、一読することを薦めるが、「どうしたらよいか教えて下さい」という「解答を要請するクライエント」にみられるような読み方では役に立たないと、当然ロジャーズは考えているだろう。

## 3 ソーン・スナイダー論争

この章を終わるにあたって、ロジャーズの非指示的療法がひき起こした「ソーン・スナイダー論争」と呼ばれているものに少し触れておこう。

ソーンは、当時のアメリカにおいて臨床心理学者が置かれていた状況に鑑みて、ロジャーズの功績を、精神医学者という立場から積極的に評価したうえで、いくつかの批判をしている。

具体的にこの批判が向けられたのが、ロジャーズ派のスナイダーの報告している例である。その批判を列挙してみよう。①事例史の取り方が不十分である。②患者の自己評価を額面とおりに受け取ってしまい、患者の周囲の人々に確認することをしない。③個々の臨床場面においてセラピーの方法は柔軟に利用した方がよいと思われるのに、弾力性なく非指示的療法を固守している。④患者との接触が皮相的である。⑤患者のパーソナリティ全体の力動的機制を総合的に評価していない。⑥面接の仕方についてみれば、セラピストの感嘆詞が空虚で大げさに響き、また、非指示的・中立的態度を維持しようとして神経を使いすぎ、患者の発言を、感情の認識という点からくどいほどにまとめようとしている。⑦探究すべき問題を患者にまかせるため、本来、セラピストが取りあげれば深まっていくはずの問題も取りあげない。かえって、患者がその点を続けようという気持があるのにそれを阻止していることもある。⑧実際、忠告は患者にとって有効であり、患者は感謝しながら受けとることも多いのに、これを全く排除している。

これに対し、この事例を扱ったスナイダー自身が答える。

彼はまず第一に、ソーンの批判の一部が、非指示的技術の眼目を理解していないところから起こっている、とする。そして、ソーンがこの方法を積極的に評価している見方についても誤解を指摘する。たしかにソーンは、非指示的療法を、全体として「カウンセラーの無指示によるリーダーシップ」という雰囲気の中でとらえている。したがって、積極的に評価している部分においても「患者を変容させるように『巧みにしかも間接的に』導く」とか、「過程の進め方や指示の責任の大部分は、臨床家から患者の方へ巧妙に置きかえられる」などという叙述が目立つのである。このあたりをスナイダーは、ソーンが「巧妙な質問の仕方によって、クライエントに自分でそれを考えついたのだと思わせるようなやり方で、クライエントの心のなかに何か新しい観念を植えつける」と述べたのに対し、「植えつける」という考え方は、非指示的カウンセリングとは無縁のものだ、としている。そして、ソーンの批判の一つひとつに対して『カウンセリングと心理療法』でロジャーズが述べたことをあげて説明している。ただし③に対しては途中から方針を変えることの有害性を説き、④については、クライエントにとって重要な問題は機会さえあれば表面に出てくるものだということ、そして今までのセラピーでは、抑圧された態度というものが過度に強調されているのではないだろうかというロジャーズの考え方を再び登場させている。

一方、⑦については、カウンセラーというものはそもそも、どれが重要な問題なのかを判断しているものであり、スナイダー自身もその判断をしたうえでクライエントに応答しているのだとして、一般的な議論に終わっているきらいがある。

以上、論争というには、お互いに自分の立場から比較し、それぞれの立場を主張するというところにとどまっていて、いま一つ十分な議論になっていないようである。クライエントというものをどうとらえるのか、それにともなって、サイコセラピー、カウンセリングというものをどう考えるのか、によって種々のセラピーの立場は出てくるものである。しかるに、この論争においては、クライエントをどのような存在としてとらえようとしているのかという、より基本的立場を議論するところにまで到らなかったために、結局は表面に出てくる技法に関してのみ、それぞれの立場から、かくすべきである式の意見が出たにとどまっている感がある。問題はそこから先のことであろう。五年後に出されたソーンの再批判は、ソーンの方でもクライエントに対して非指示的療法をおこなったうえで結果を分析するなど、たしかに十分な検討をおこなったうえでのものと考えられる。しかし、ここでも、基本的には、「立場」の違いを打破できないでいるようである。

ソーンのおこなった非指示的療法は、そもそもロジャーズの考えている基本的哲学を備えた非指示的療法であったのか。その点こそをはっきりさせてからでなければ、どこまでも議論は平行線をたどるであろう。

しかし、この論争は、私たちの、ロジャーズに対する誤った受けとめ方をはっきりさせるのにもかなり役に立つものであるし、また種々のカウンセリングの「立場」というものが、互いに理解し合うことをいかに難しくしているかを如実に示しているものとして非常に考えさせられるのである。

なお、非指示的療法の実際を示すものとして、「ハーバート・ブライアンの事例」（文献参照）を熟読することを是非勧めたい。

渡邉孝憲

《**文献**》


Rogers, C. R., 1939, *The Clinical Treatment of the Problem Child*, Houghton Mifflin.（堀淑昭編、小野修訳『問題児の治療』ロージァズ全集第1巻、岩崎学術出版社、一九六六年）

———, 1942, *Counseling and Psychotherapy: New Concepts in Practice*, Houghton Mifflin.（佐治守夫編、友田不二男訳『カウンセリング』ロージァズ全集第2巻、岩崎学術出版社、一九六六年。ただし、ハーバート・ブライアンの事例については、友田不二男編『カウンセリングの技術——ハーバート・ブライアンの例を中心として』ロージァズ全集第9巻、岩崎学術出版社、一九六七年）

Snyder, W. V., 1945, Dr. Thorne's Critique of Nondirective Psychotherapy, *J. Abn. & Soc. Psychol.*, 40, 336-39.（「非指示的心理療法に対するソーン博士の批判について」伊東博編訳『カウンセリングの基礎』第10章、誠信書房、一九六〇年）

Thorne, F. C., 1944, A Critique of Nondirective Method of Psychotherapy, *J. Abn. & Soc. Psychol.*, 39, 459-70.（「非指示的心理療法の批判」伊東博編訳『カウンセリングの基礎』第9章、誠信書房、一九六〇年）

———, 1948, Further Critique of Nondirective Method of Psychotherapy, *J. Clin. Psychol.*, 32-39.（「非指示的心理療法の再批判」伊東博編訳『カウンセリングの基礎』第11章、誠信書房、一九六〇年）

# 第3章　クライエント中心療法

# 1　非指示的療法の深化——クライエント中心療法におけるカウンセラーの態度

## カウンセラーの態度（哲学）と方法（技術）

クライエント中心療法は、まず、「非指示的」療法（"non-directive" therapy）として世に知れわたるようになった。「非指示的」ということばにも表れているように、ロジャーズの真意は別にして、それはまず、従来のカウンセリングに対する方法論的なアンチテーゼとしての意味を強く付与されることになった。それゆえに、前章でも触れているように、アメリカの心理学界に、さまざまの刺激を与え、指示的－非指示的という方法論上の一大論争をまきおこした。そのことは、それなりに意味深いことではあったのだが、ロジャーズにとっては、自己の深い治療的体験を十分に伝え切らないところでの論議に、ややもすると傾いてしまうという思いが強かったのではないだろうか。

クライエント中心療法は、通常、カウンセラーによって使用されるたんなるひとつの方法もしくはひとつの技術として語られている。いうまでもなくこのことは、ひとつには、初期の公表が技術を強調しすぎるきらいがあったという事実に由来することを含意している。(『クライエント中心療法』*Client-centered Therapy: Its Current Practices, Implications, and Theory.* 以下第1、3節の引用は、いずれも同書の邦訳による。)

しかし、ロジャーズが伝えたかったものはたんなる技術ではなかった。彼が伝えたかったものは、非指示的という方法論的必然性に帰着せざるをえなかったロジャーズ自身の治療的体験の意味深さであったのだ。指示的－非指示的という方法論論争を体験することによって、ロジャーズは、非指示的という方法・技術のみのパターンの追随といったものが、いかに自分の体験と似て非なるものになるのかを痛感したのだろう。彼は前述の引用に続けて次のように語る。

もっと正確にいうならば、クライエント中心療法における効果的なカウンセラーは、自分の人格体制（personal organization）に深く内在している一組の理路整然とした発展的な諸態度、すなわちクライエント中心療法と首尾一貫した技術や方法によって遂行されるあるひとつの体系をなす諸態度、を保持しているといってよかろう。われわれの経験によれば、あるひとつの〝方法〟を使用しようと努めるカウンセラーは、その方法がカウンセラー自身の諸態度と純粋に一致しているのでなければ、不成功に終るように運命づけられているのである。

一九四二年の『カウンセリングと心理療法』（*Counseling and Psychotherapy: New Concepts in Practice*）の公表から五一年の『クライエント中心療法』の出版までの一〇年間の体験は、ロジャーズに、非指示的な方法が必然性をもって導き出されるカウンセラーのクライエントの見方や感じ方およびカウンセラー自身の人格の奥深くに内在する人間観の重要性を認識させる結果となったのだろう。カウンセラーのもつ態度（哲学）とカウンセラーの使用する方法（技術）は、密接不可分の有機的な関連をもっているのである。それでは、クライエント中心療法を促進するような諸態度とはいったいどのような態度なのか。

### ●個人の価値や意義を認め、尊重すること

ロジャーズは、まず第一に重要なこととして、「個人の価値と意義に対してカウンセラーによって保持されている態度」を取りあげる。一人ひとりの人間のもつ重み、そのかけがえのなさをカウンセラーが十分に認識しているかどうか。そして、カウンセラーが一人ひとりの人間を価値ある存在として認めている場合には、その認識が、行動のレベルで明らかかどうか、つまりセラピー場面でのクライエントに対するカウンセラーの一つひとつの応答・態度・語調等々の中に、そうしたカウンセラーの価値観が明らかに認められるかどうかを問うのである。

こうした点の強調は、前述したように、ロジャーズの主張が正確には理解されずに、「非指示的」という型のうえだけでの模倣がややもするとされる傾向にあり、それをもって「非指示的」療法の効果が云々されることがあったという背景があってのことだろう。しかし、一人ひとりの人間のもつ重み、そのかけがえのなさをまず認めてクライエントと会うこと、そして、クライエントの語る一つひとつの言葉の重さとそれに込められたその人独自の感情を受けとめるというカウンセラーの姿勢は、今では、いかなる心理療法の流派でも、基本的な大前提として認められるようになっている。その意味で、ロジャーズがそうした流れをつくり出すことに貢献した役割には多大なものがある。しかし、ロジャーズが、「クライエント中心療法において、カウンセラー

のもつ個人の価値や意義に対する態度が重要である」という場合には、そうした一般的なこと以上の意味が込められている。つまり、それは、とくにクライエント中心療法においては、クライエントに対するカウンセラーの姿勢・態度と、その技法とが密接不可分の関係にあるという点である。

その哲学的オリエンテーションがより大きく個人を尊敬する方向へと向う傾向のある人は、クライエント中心のアプローチにおいて、自分の見解への挑戦や自分の見解の遂行を見いだす……このような人は、これまで危険を冒しながら敢てやってきたよりももっと哲学的に自分を処するようにする。

つまり、「非指示的」という「技法」を、「技法」という技術的なものとしてではなくて、心からのクライエントに対する態度として現存させることができるかどうかが「個人の価値や意義」に対するカウンセラーの価値感・人間観を測る「ものさし」にもなるし、逆にクライエントに対する尊敬の念なしでは、クライエント中心療法を「技術的」に学ぶことはできない。

セラピーは、セラピストが、自分自身のパーソナリティ体制において他人への尊敬を達成していると同じ程度にのみ〝非指示的〟でありうるのである。

ロジャーズにとっては、「非指示的」ということと、人間の価値と意義に対する心からの尊敬とはほぼ同義語なのだ。

## クライエントの能力への信頼

クライエント中心療法において、第二に重要な点は、クライエントの自己指示（self-direction）の能力を信頼できるかどうかという点である。その個人の人生を決めるのは、その人自身であることをどこまで深くカウンセラーが感じとっているのか。また、逆に、個人の生き方の誤りをカウンセラーが導くのは当然であると思っているのか。この点の差異が、クライエント中心療法を学習する際の第二のポイントになる。これは「個人の価値と意義」の尊重という第一のポイントから、当然、引き出されてくるものでもあるし、その中に含まれていることでもあるのだが、第一のポイントの一つの側面を明確化したものと言えるだろう。さらに、このことを、どれだけ深く認められるかどうかがクライエント中心療法を学びとれるか否かのキーポイントにもなる。ロジャーズは、クライエント中心療法の哲学的基盤からやや離れているカウンセラーが、このセラピーを学習した場合のことを次のように記述している。

　このような訓練中の人びとの経験は、なにかあるひとつのパターンのようなものを追随するようである。当初、カウンセラーは、非指示的療法の可能性によって知的に欺かれ、技術についてのなにかを学習するけれども、洞察もしくは建設的な自己指示を達成するクライエントの能力を信頼することは比較的まれである。

クライエント中心療法を学ぼうとするカウンセラーにとっては、じつに耳のいたい言葉である。筆者を含めて、カウンセリングをはじめて学ぼうとする者は、クライエントを信頼することはおろか、自分自身をもセラピストとして感じたことをも信頼することができずに、寄らば大樹の陰で、先達のパターンをまねることによって安心感を得ようとする傾向がつよいのではないだろうか。もちろんそこにはクライエントへの信頼感もありはしない。そして、多少なりとも、クライエントを信頼することを覚え、クライエント中心療法が身につきはじめたカウンセラーにも、第二の危機がおとずれるのである。

もしカウンセラーが面接の最中に、このクライエントは自分自身を再体制化する能力を持っていないかもしれないと感じ、カウンセラーが、この再体制化に対してかなりの責任を負うようにしなければならないという仮説に転ずるならば、彼はクライエントを混乱させ、自分自身を締め出している。

カウンセラーとして、実際のセラピーをしている人にとっては、ずいぶんと身に覚えのあることではないだろうか。カウンセリングをしているうちに、かえってクライエントが混迷の度合を深め、気分的にもおちこんできたりすると、どうしてもクライエントと同じ場所にいることができなくなって方向転換をしてしまう。ロジャーズは、こうしたカウンセラーの動きを、かえってクライエントを混乱させるものとして否定しているのである。しかも、ロジャーズは、カウンセラーのクライエントの自己指示の能力を信頼する首尾一貫性こそが、仮説の検証という意味でも、セラピーを前進させるとし、混乱した折衷主義を、科学の進歩を妨げるものとして否定している(1)。

それでは、クライエント中心療法を実践しようとするカウンセラーはどのように行為すべきか。

ロジャーズは次のように言う。

（クライエント中心の）カウンセラーは、個人が、もしかすると意識的に気づくようになりうる自分の生活のあらゆる様相を建設的に処理することができるだけの能力を持っている、という仮説と首尾一貫して行為するようになる……このことは、素材がクライエントの意識に上るであろうような人間関係の場面（interpersonal situation）を創造すること、および、カウンセラーが、自分自身に指示する十分の力のあるひとりの人間としてクライエントを受容していることを真意をもって表明すること、を意味する。(2)

## カウンセラーの自己理解の必要性

以上の二点、「個人の価値や意義の尊重」と「個人の自己指示の能力への信頼」とは、カウンセラーのクライエントに対する基本的な態度（クライエントの人格変容を促すカウンセラーの態度）について触れたものである。では、こうした態度はいかにして、セラピーの場面で遂行されるようになるのか。こうした態度が実際に機能するためにはどうしたらよいか。そして、それは、セラピーを前進させているか。

この点に関しての、ロジャーズの主張のもう一つの特徴は、こうした仮説をあくまでも「仮説」として考えておく必要性を説いたことであり、一人ひとりのクライエントとの出会いにおいてその仮説の真実性を一回ごとに実証的に確かめていかなければならないとした点である。そのための具体策として、ロジャーズは、録音された面接テープの詳細な検討を次のように強調している。

〝わたくしは、自分がやっていると思っていることを実際にやっているか？　わたくしは、自分が言葉で語っているいろいろの目的を作動的に遂行しているか？〟これらの疑問は、すべてのカウンセラーが絶えず自分自身に問うていなければならない疑問である。……これらの疑問に対するカウンセラー自身の主観的な判断は不十分である。……言葉や音声や抑揚についての客観的分析のみが、セラピストが遂行している真の目的を的確に決定することができる。

つまり、あるカウンセラーが、「個人を尊重する」とか、「個人の自己決定の能力を信頼している」とか語っていても、その人がやった面接の録音テープを聞いてみれば、その人が頭で考えていることが実際に実行にうつせているかどうかが明確になってきて、かつその人がどのような態度を本当はもっているかもはっきりするというのである。この点では、とくにロジャーズは懐疑的になる。ここにも、前述したような、この本の出版にいたる一〇年の間のロジャーズの体験、すなわち、ロジャーズのいう「技法」のみの追随により、「非指示的」療法の効果を云々されるという苦い体験の傷痕をかいま見ることができる。そういう人の場合には、彼の面接中の、言葉の調子や、音声、抑揚、その他の面接中の彼の態度が、彼の使用する「方法」を裏切っているのである。

クライエントは、カウンセラーが、ある一つの〝方法〟、つまり、ある目的のためにカウンセラーが選択している知的に選んだ道具を用いているとき，すみやかに識別するようになる。

クライエントは，カウンセラーの態度にきわめて敏感であり，カウンセラーの言葉と真意の不一致，つまり，「ウソ」や「ごまかし」は簡単に見破るのだ。それも，意識的には，まったくそのような気持はもっていなかった場合でも，動作の端々や，その他のカウンセラーの諸態度や言葉のニュアンスによって，カウンセラーの無意識的な意図も，クライエントには感じとられてしまうことがあるのである。

こうしたことから，ロジャーズは，カウンセラーの「自分の行動についての徹底的な研究」を必要なこととする。このことは，さまざまの心理療法の諸流派でいう「教育分析」の必要性にも通じる面をもっているし，また，後年になって，ロジャーズが，カウンセラーに必要な機能として，クライエントとの関係の中でのカウンセラーの純粋性（ジェニュインネス，genuinness）と自己一致（congruence）を重要な機能として公式化していくことにつながっていく。

## 公式化された二，三のカウンセラーの役割について

これまでの記述は，クライエント中心療法の実践という観点に立っての，非常に大まかなカウンセラーへの哲学的・態度的なオリエンテーションであった。クライエント中心療法の歴史を振り返ると，カウンセラーの役割についての公式化がいくつかなされ，それが検討され，修正され，あるものは放棄されている。〝公式化〟ということは，ある意味でより具体的にカウンセラーが

どう動けばいいのかを提示し、そのうえ、誰もがその公式化されたものを利用できることが必要になってくる。しかし、それは、公式化が一般化されればされるほど、具体化されればされるほど、そうした公式化が生み出された背景・意味は忘れられ、技術としてのみ受けとられるという弊害も生み出す。そうした矛盾をかかえた公式化への試みなのであるが、ロジャーズは、その矛盾を痛切に感じつつも、なお、公式化しようとする試みを続ける。

それでは、この時代のロジャーズは、初期の時代の公式化といえる〝非指示的〟ということと〝感情の明確化〟ということについては、どのような見解をもっていたのだろうか。また、この段階では、どのような公式化を最善のものと考えていたのだろうか。

### (1) 非指示的ということ

まず第一に、クライエント中心療法における「非指示的」という公式化について考えてみよう。ロジャーズは、次のように記述している。

何人かのカウンセラーたちは、……非指示的カウンセリングを実施する場合のカウンセラーの役割は、たんに受動的であり無干渉主義の政策を採択することである、と考えている。……彼は、クライエントの能力を信頼することが、彼の側における積極性と情動的反応を最小限にしか包含しない受動性によって、もっともよく表現されると思っている。彼は、「クライエントの邪魔をしないでいるように努める」。

しかし、ロジャーズは、クライエント中心療法についてのこうした理解は誤りであり、こうした誤解がカウンセリングを失敗に導くだろうとし、その理由として次の二点をあげる。

ａ　受動性や、クライエントの感情に巻き込まれていないように見えることは、クライエントには、関心の欠如や拒否として経験される。無頓着は、真の意味においては、受容と同じでない。

ｂ　無干渉主義の態度は、クライエントが価値のある人間として、カウンセラーにみなされていることを、クライエントに全然示さない。たんに受動的な役割、つまり耳を傾けるだけの役割を演ずるにすぎないカウンセラーは、必死に情動的なカタルシスを要求しているクライエントには援助的であるかもしれないが、クライエントの成果は最小限だろうし、多くのクライエントは、援助を受けることができないことに失望し、何ひとつ提供するものを持たないカウンセラーに愛想をつかして去っていくだろう。

以上の理由から、「非指示的」という公式化は、カウンセラーの側の受動性とは同じでないことが明らかにされる。カウンセラーのクライエントに対する積極的関心をクライエントに伝えることは、カウンセリング関係においては重要な要素なのだが、そのことは、カウンセラー側の受動性によってはなしとげることができない。「非指示的」でありながら、クライエントに対する積極的な関心を伝えること、この両者を矛盾なくなしとげるカウンセラーの役割についての公式化が、(3)で論ずる感情移入的なクライエント理解に実現されていくように思われる。

**(2)　感情の明確化ということ**　第二の公式化としてよく知られているのが、「感情の明確化」といわれているカウンセラーの機能である。「感情の明確化」とは、簡単に言えばクライエントが、自分が感じている情動を認知し明確化するように援助することをさすが、この公式について、ロジャーズはこの時点では、どのように考えていたのだろうか。

ロジャーズは、この第二の公式化についても、それぞれがあまりにも文字どおりに受けとられすぎることによって、かえって弊害を生むことを危惧する。つまり、この公式化は、「その感情がいかなるものであるかをカウンセラーだけが知っている」ということを意味してしまう可能性があり、そうした場合には、クライエントに対する尊敬が微妙に欠如することにつながることになるからである。カウンセラーとクライエントの関係は、まさに一つの特殊な型ではあっても、人と人との関係にほかならないのである。その人間関係の中において、クライエントは不安が強い状態にあるがゆえにクライエントと呼ばれる。多くの場合、こうしたクライエントという立場に立たされる人は、自分の言うことに自信がもてないことが往々にしてある。こうした状態にあるクライエントに対して、カウンセラーが、クライエントの感情を断定的に言う場合、カウンセラーとしては、あくまでもクライエントの感情を明確化するという公式化に従って行動しているつもりではあっても、その時のカウンセラーの言葉の調子や態度が、クライエントには公式化の意図とは違ったように受けとられることがある。

カウンセラーの言葉が断定的である場合には、それは、一つの評価、すなわち、カウンセラーによってなされたひとつの判断となり、カウンセラーはいまや、クライエントの感情がいかなるものであるかをクライエントに告げているのである。この過程はカウンセラー中心であり、クライエントの感情は、〝わたしは診断されようとしている〟となる傾向があるであろう。

カウンセラーの主観的意図がクライエントに対する共感的理解を伝達しようとすることにあっ

たとしても、客観的に見ると、また、クライエントにとっては、「カウンセラーである私は、クライエントであるあなたより、クライエントであるあなたの感情を正確に誤りなく把握することができるのです」というコミュニケーションがなされたことになる場合もあるのである。このような例から明らかなように、カウンセラーの側における断定的な態度と感情移入的な態度との微妙な差が、クライエントにとって、また、カウンセリングのプロセスにおいて重大な差異になってくる。(3)

このように、初期の公式化は、さまざまの誤解を生み、さまざまのカウンセリングに対する誤った理解を生み出すことにもなった。ロジャーズは、こうした現実を目のあたりにして、初期の公式化を放棄し、むしろ、カウンセラーとしての態度の一致性・純粋性を重視するようになるのである。

### (3) 感情移入的な理解

(1)(2)の公式化は、ややもすると「技術」「方法」と受けとられやすく、その結果として、前述したようなその公式化にともなう否定的側面に触れざるをえなくなった。

そうした中で、新たな別の公式化の企てがおこなわれている。それが、「感情移入的な理解(empathic understanding)」である。その内容は、「カウンセラーが、可能なかぎりにおいてクライエントの内部的照合枠(internal frame of reference)を身につけること、クライエントが世界をながめているままにその世界を知覚すること、クライエントがみずからながめているままにクライエント自身を知覚すること、そのようにしている間は外部的照合枠にもとづく一切の知覚を排除しておくこと、そして、この感情を移入して理解したことをコミュニケートすること」を指している。

カウンセリングの過程において、カウンセラーの意識は当然のことながらクライエントに集中する。しかし、カウンセラーのクライエントに対する意識の集中の仕方にはさまざまの仕方がある。たとえば、クライエントの発言から、クライエントがどのような精神病理に陥っているのかを明確に把握しようとしたり、クライエントの訴えの原因を推測しようとしたりする、いわば、クライエントを客観的にないしは外側から理解しようとする意識の集中の仕方がある。ロジャーズは、こうした理解の仕方を「外部的照合枠」によるクライエント理解であるとする。そして、クライエントのいる場所からの世界の見え方・自分自身の見え方をカウンセラーが共有しようとする活動を「内部的照合枠」によるクライエント理解と呼び、カウンセリングのプロセスでは、カウンセラーは、このことに全精力を注ぎこむことの大切さを強調する。

ただ、ここには一つの落し穴がある。

クライエントの態度を生きるということは、カウンセラーの側における情動的同一化（emotional identification）によるのではなくして、むしろ感情移入的同一化（empathic identification）であり、この感情移入的同一化においてカウンセラーは、ある一つの感情移入の過程に専念することにより、そのクライエントの嫌悪や希望や恐怖を知覚しているが、しかし、カウンセラー自身が、カウンセラーとして、それらの嫌悪や希望や恐怖を経験することではない。

いかに熟練したカウンセラーであっても、家族成員のカウンセリングはできないとよく言われる。その理由も、このロジャーズの記述で語られているように思える。自分の家族の場合には、その一成員の情動に当然のごとく巻き込まれてしまうからである。また、精神分析でいう逆転移という現象も、カウンセラーがクライエントの情動に巻き込まれすぎることから起こってくる現象ととらえていいだろう。クライエントのさまざまの情緒的体験をクライエントの内側から、まさに「相手のこととして」感情移入的に理解すること――これが、ロジャーズの主張なのである。もう一つの誤解の可能性は、例の公式化にともなう必然的な弊害とも言える公式の技術化についてである。

クライエント中心のカウンセリングは、もしもそれが効果的でありたいならば、何らかの策略もしくは道具ではありえない。それは、クライエントをして自分自身を導くようにさせようとしながらクライエントを導いていくような一つの微妙なやり方ではない。効果的であるためには、純粋でなければならない。

ロジャーズは、後年、治療者の純粋性または自己一致、無条件の肯定的関心（unconditional positive regard）、感情移入的な理解を治療者としての主要な三条件としてまとめるのだが、感情移入的なクライエント理解という条件にしても、それが技術や道具として利用された場合には、それはすでに感情移入的なクライエント理解という条件を満たしえないものになってしまうことがここでは指摘されている。その条件が治療的に意味をもつためには、その前提として、治療者の操作的でない純粋性が必要となるのである。その前提があってこそ、はじめて、治療者の感情移入的なクライエント理解という活動が治療的な働きをしてくるのである。

最後に一つだけ指摘しておきたいことは、この「内部的照合枠」からのクライエント理解というセラピストの在り方は、ロジャーズにとって、まさに「このクライエントの価値や意義に信頼をよせている私の信条が、厳密に作動していることを公示する」ことだし、「よりいっそう充実した満足のいく生活をめざして建設的に変化し発展する個人の可能性」あるいは、「人間の有機体の中にある前進していく傾向（the forward-moving tendency）」（次章に詳述されている）を信頼していることを提示することになるということである。逆に言えば、そうしたクライエントの価値に対する尊敬の念やクライエントの能力に対する信頼なしには、「内部的照合枠」からクライエントを理解しようとしたり、クライエントのいる場所にセラピストもいようとしたりすることはできないのである。

## 2　パーソナリティ変化の必要にして十分な条件

『クライエント中心療法』出版の六年後の一九五七年に、ロジャーズは、これまでの諸論文における さまざまの考えを統合する型で、「治療上のパーソナリティ変化の必要にして十分な条件」

（The Necessary and Sufficient Conditions of Therapeutic Personality Change）という論文を発表する。この論文は、今まで紹介してきたロジャーズの考えを要約するものとしても、整理したものとしても考えることができ、ロジャーズの諸論文の中でも重要なものの一つに数えられると思うのでここに紹介してみよう。

### 必要にして十分な六つの条件

この論文で、ロジャーズは、建設的なパーソナリティ変化が起こるためには、次のような条件が存在し、それがかなりの期間継続することが必要であるとし、以下の六つの条件を提示する。

①二人の人間が、心理的な接触をもっていること。

②第一の人――この人をクライエントと名づける――は、不一致の状態にあり、傷つきやすい、あるいは不安の状態にあること。

③第二の人――この人をセラピストと呼ぶ――は、この関係の中で、一致しており（congruent）、統合され（integrated）ていること。

④セラピストは、クライエントに対して無条件の肯定的関心（unconditional positive regard）を経験していること。

⑤セラピストは、クライエントの内部的照合枠（internal frame of reference）に感情移入的な理解（empathic understanding）を経験しており、そしてこの経験をクライエントに伝達するように

努めていること。

⑥セラピストの感情移入的理解と無条件の肯定的配慮をクライエントに伝達するということが、最低限に達成されること。

そして、ロジャーズは、この六つの条件以外の「他のいかなる条件も必要でない。もしこれらの六つの条件が存在し、それがある期間継続するならば、それで十分である。建設的なパーソナリティ変化の過程が、そこにあらわれるであろう」(以下、第2節の引用は、邦訳「パーソナリティ変化の必要にして十分な条件」による)という。つまり、この六つの条件が、クライエントのパーソナリティ変化の必要にして十分な条件だというのである。第1節で見てきたように、これまでのロジャーズは、カウンセラーの機能についての公式化を何度も試み、公式化されたものに対するさまざまの反応――受けとる人の受けとり方――をみて、その公式化されたものを修正したり、放棄したり、また、新たな公式化を試みるという継続的な努力を重ねてきた。そうした努力の集大成を、私たちはこの六つの条件の中に見ることができる。この六つの条件は、それまでのロジャーズの論旨の不透明で、未整理な部分を、きわめて純化した型で取り出してきていると言えるだろう。

それでは、この六つの条件について、わかりやすく説明していこう。

(1) 第一の条件に関してロジャーズは次のように解説している。

「第一の条件は、最低限の関係、すなわち心理的な接触が存在しなければならないことを特定するものである。意味深い肯定的なパーソナリティ変化は、関係の中でなければ起こらない、という仮説を私は立てている」。

「第二条件から第六条件までは、その関係の特色を規定するもの」であるのに対して、この第一条件は「単純なもの」であり、ただクライエントとセラピストの双方が、「他者と個人的なまたは心理的な接触をもっていることに気づいていれば、この条件は満たされている」。それゆえ、第一の条件は「以下につづく諸条件と切り離し」て、これを「仮定とか、前提条件と名付けるべきであるかもしれない」が、「この条件がなければ、残りの諸項目も意味を失ってしまうだろうから、それがこの条件を含めた理由なのである(4)」。

(2) 第二の条件の不一致とは、「有機体の現実の体験と、その体験を表現するものとしての個人の自己像(self-picture)との間に矛盾があるという意味である」。このことの説明にロジャーズは次のような例をあげる。ある学生が学校でおこなわれる試験について、自己の根本的な弱点が暴露されるかもしれないという恐怖感をいだいていたとする。しかし、自己の弱点が暴露されるかもしれないという恐怖感を自分がいだくという体験(有機体の現実の体験)は、明らかに彼自身の自己概念と一致しないので、その恐怖感は、学校の階段を登ることが恐ろしくなるという不合理な恐怖として意識される。この例のように、現実の体験を意識しえない状態、それを不一致と呼ぶのだが、「その人が、自己のなかにあるこのような不一致を意識していないときに、不安や混乱の可能性をもちやすい」。それゆえにこそ、そうした人はクライエントとしてセラピストの前にあらわれるのである。この条件については、次章のパーソナリティ理論を読んでもらえばよりわかりやすくなる。

(3) 第三の条件はセラピスト側の条件である。この条件の「関係の中で、一致しており（congruent）、統合され（integrated）ている」という状態はクライエントの心的状態とは逆（正反対）の状態である。これを言いかえれば、「この関係の中で彼が、自由にかつ深く自己自身であり、彼の現実の体験がその自己意識によって正確に表現される」ということになる。この条件では、ロジャーズはつねに「この関係の中で」という限定をつけていることに注目すべきである。セラピストが、生活のあらゆる領域で自己一致することを求めるとしたら、それはおそらく不可能なことだろう。ロジャーズの要求するのは、あくまでセラピー場面でのカウンセラーの在り方に言及しているのであり、セラピー場面でのカウンセラーの治療的な在り方についての言及なのだ。カウンセラーとしての自己一致ということを、もう少し具体的に述べれば、カウンセリング場面で生起するカウンセラーのさまざまの感情（たとえば、「このクライエントが恐ろしい」とか、「自分の問題で頭がいっぱいで、クライエントの話を落ち着いて聞けない」）を「べき」論から否定しないということであり、それを否定してしまうことは、自己自身もクライエントも欺くことになり、そうした状態は、自己一致の状態から一番遠くなってしまうということである。それゆえ、場合によっては、次のことも必要になってくる。

治療者は、自分の感情がこれにつづく二つの条件の妨げになっているならば、ときにその感情のいくつかを（当のクライエントもしくは同僚・スーパーヴァイザーと）話し合って解決する必要があるかもしれない。

(4) 第四の条件では「無条件の（unconditional）」というところがポイントになる。「セラピストが、クライエントの体験のすべての側面を、そのクライエントの一部として暖かく受容していることを体験しているならば、彼はそれだけ無条件の肯定的関心を体験している」。通常の人間関係は、たいていは条件つきの愛にしかなりえない。たとえば、親の子どもに対する愛情を考えてみても、それは親の期待する方向に子どもが成長するがゆえに親は子どもを愛することができるという側面は否定できない。夫婦の間での愛情、師弟間での愛もまたしかりである。「無条件」ということは、「あなたがかくかくである場合にだけ、私はあなたが好きなのです」という限定をつけないということである。限定をつけるということは、所有的（possessive）な、愛する側の欲求を満足させる愛情とも言える。「無条件」ということは、「クライエントを分離した人間として心を配ることであり、彼に自分自身の感情をもち、自分自身の体験をもつように許すことである」。しかし、こうは言っても、経験的な立場から言えば、この条件を完全に満たすことはありえないだろう。むしろ、こうした体験をセラピストがしうる程度が多ければ多いほど、セラピーは実りあるものになると言った方がよい(5)。

(5) 第五の条件は、セラピストが「クライエントの私的な世界を、あたかも自分自身のものであるかのように感じとり、しかもこの〝あたかも……のように〟（as if）という性格を失わない」

ということである。つまり、「クライエントの怒りや恐怖や混乱を、あたかも自分自身のものであるかのように感じとり、しかも自分の怒りや恐怖や混乱がそのなかに巻きこまれないようにすること」である。この条件については、第1節でかなりくわしく説明したので簡単に終わろう。

(6) 第六の条件に関するロジャーズの説明は、この「条件はクライエントが最小限にでも、セラピストが自分に対して経験している受容と共感を知覚しているということである。これらの態度的な条件がある程度伝わっていなければ、クライエントに関する限りこれらの条件はその関係のなかに存在していないのであり……セラピーの過程は始まっていないのである」。

カウンセラーが自分が体験している受容や共感をどのようにしてクライエントに伝えるのかは非常に難しい課題であり、カウンセラーにとっては永遠の課題でもあろう。それは、言語的な伝達に限らず非言語的にも伝達されるものであり、カウンセラー自身の存在そのものが伝達しているることでもある。また、その体験がクライエントに伝わらなければ、何の意味もないことになってしまう。そのことが、後年、ロジャーズが自分のしていることを「理解の確認」「知覚の確認」と表現するようになったことにつながっていく。

## 六つの条件のもつ意味

ロジャーズが提示したこの六つの条件を私たちはどのように受けとればいいのだろうか。あまりにも多くのカウンセリングに関連する出版物が氾濫している今日の状況を見ると、あまりにも単純な条件しか、ロジャーズは提示していないようにも思える。こうした疑問に対する解答が、次のようなロジャーズの言葉の中に含まれているように思える。

ロジャーズは、ここであげた六つの条件について次のように言う。「セラピーのために必要な条件としてあげられた公式のなかに、何か驚くべき特色があるとするならば、それはおそらく述べられなかったいくつかの要素のなかにあるであろう」。そして、「述べられなかったいくつかの要素」として、次の五つの内容に触れる。

先に述べた六つの条件は、

①「ある種のクライエントに適用されるものであり、他の型のクライエントのサイコセラピーにおける変化をもたらすためには他の条件が必要であるとは述べられていない。」

②「これら六つの条件は、クライエント中心療法の本質的条件であり、他の型のサイコセラピィには別の条件が必要であるということも述べられていない。」

③「サイコセラピーは、特殊な種類の人間関係であり、日常生活に起こってくる他のすべての人間関係と違った種類のものであるということも述べられていない。」

④「セラピストには、特殊な専門的な知識——心理学的、精神医学的、医学的、または宗教的な——が要求される、ということも述べられていない。」

⑤「セラピストがクライエントについて、正確な心理的診断をすることがサイコセラピーには必要である、ということも述べられていない。」

以上、五つの「述べられていない」という形で述べられた内容を素朴に読むとどう読めるか。

①どのようなクライエントに対しても（たとえ、そのクライエントが「神経症で悩んでいようと精神病で悩んでいようと同性愛で悩んでいようと」）この六つの条件が満たされれば、クライエントのパーソナリティ変化は起きる（可能性がある。必然的に起きる）。

②どのようなセラピー上の学派であろうと、治療的関係の中でクライエントの建設的なパーソナリティ変化が起きるためには、これらの条件が満たされている必要があるし、実際の変化が起きている場合には、これらの条件が存在しているはずである。

③サイコセラピーは魔法でも、秘術でもなく、日常のすぐれた建設的な人間関係の質を高めたものであり、科学的に実証可能なものである。この点に関して言えば、セラピーを専門化・特殊化し、精神的不健康の治療ということに問題を限定してしまわず、日常における健康な人間関係のつき合いということも追求していこうとするロジャーズの姿勢を読みとることも可能である。こうした考えの中から、後のＰＣＡ（person centered approach）の活動に多くのエネルギーを注ぐロジャーズが生み出されているのではなかろうか。

④特殊な専門的な知識の獲得はセラピストであるための条件ではない。セラピストであることが学習されるとするならば、それは経験的な訓練によるものである。実際問題として、専門家としてセラピーを職業にしている人より、非専門家であってもセラピー的な動きのできる人はいる。実際の人間関係の中でどのようにしてそうした動きをとることができるようになるか――それが

経験的な訓練の目標である。

⑤診断的な知識はセラピーの前提ではない。それをもたないと、クライエントが恐くなり、セラピストとしての心理的安定感をもてないセラピストはそうしたものを必要とする。しかし、十分に統合され自己一致しているセラピストは、そうしたものを必要としないだろう。

先に述べた六条件はどちらかというと必要条件を述べたという印象があるのだが、この五つの「述べられなかったいくつかの要素」を読んでみると、先の六条件が十分条件である可能性を示唆すると言ってもよいだろう。ロジャーズは、その科学的態度から、この六条件が否定され、修正される可能性にも言及はしているが、ロジャーズ自身の豊富な意味深い臨床体験、臨床感覚からすれば、この六条件が、必要条件であると同時に、十分に十分条件であることの臨床感覚を最後まで手離すことはなかった。

今日、カウンセリングあるいはセラピーについて氾濫している情報の多くは、クライエントに関するものである。また、セラピスト側の条件に触れる書物も少なくないが、その多くは、セラピスト側の知的な技法に関してであることが多い。誰にとって役に立つ情報が現在蓄積されているのかという視点から見ると、そうした情報の多くは、明らかに、セラピスト側が安心してセラピー関係を結びうるための情報が蓄積されてきているという見方ができよう。だからといって、ロジャーズが、こうしたセラピストの側が安心してセラピー関係を結べるための基盤となる情報の価値を否定したり、無視しているということではない。これはこれで、とても大切な臨床的知識の蓄積である。ただ、ロジャーズは、そうしたものがセラピー関係において本質的な条件とは見ないだけである。こうしたロジャーズの態度には、セラピーの人間関係を本質的なところで見ていこう、実証的に見ていこうとする科学的精神を見ることができる。そして、こうしたロジャーズの主張は、きわめて大胆であると同時に、クライエントに対して、じつに誠実な態度をとっているようにも思える。それは、こうした条件のみがセラピー関係における本質的条件であるとすると、クライエントのみならず、セラピストの側も、当然のことながら、その関係の中で自己の弱さにさらされ自分の弱さを見つめざるをえないからである。そうした作業を一方的にクライエントに要求し、セラピストは安全地帯にいるような態度とはまったく違ってくるのである。自己の弱さをさらし、それを見つめることがいかにつらい作業であるのか、そのことを、セラピストは多くの知的な知識を得ることによって鈍感になってしまうことなく、再度、かみしめる必要があるだろう。

## セラピーの「技術（技法）」について

最後に、今までカウンセラーの機能をさまざまの型で公式化しようと努力してきたロジャーズが、セラピーの技術（技法）についてどのような考えをもつに至ったかに触れてみよう。

種々のセラピーの技術は、それが一つの条件を満たすための通路（channel）としてどの程度役立つかということを除けば、比較的重要なものではない。

ロジャーズがカウンセラーの機能を公式化しようと努力する過程で生み出された非指示(non-directive)とか感情の明確化といった「技法」にしても、精神分析における「解釈」とか「夢の分析」とかいう技法にしても、そうした技法が先にあげたセラピーにおける本質的条件を伝達する通路になることができるという点では意味をもつが、その「技法」がセラピーの本質的条件ではないというのである。

セラピーにおいてまず大切にされなければならないのはクライエントである。たとえば、夢分析の技法を学んだからといって、クライエントが夢を覚えていないということもあるし、夢を報告してくれないこともある。そうした場合に夢の報告がないからといって治療関係が結べないということになったら、クライエントが大切にされているのか、夢が大切にされているのかわからなくなる。それは、クライエント中心療法でも同じことが言える。

こう考えていくと、セラピーの「技法」というものがセラピストにもつ意味が多少はっきりしてくる。自分の弱点をより多く未解決のままにしているセラピストは、どちらかというと「技法」に依存することによって、自分を防衛する傾向があるという事実である。「技法」とは、こうした意味でセラピストにとって諸刃の剣となるのである。

## 3　クライエント中心療法から見た転移と診断の問題

これまではロジャーズの記述に沿ってクライエント中心療法の解説をしてきた。この節では、セラピーの分野での大きな二つの話題、すなわち、転移と診断の問題に関して『クライエント中心療法』をもとにロジャーズの考えに触れてみよう。

### ●転移について

精神分析的な指向をもつセラピーでは、治療関係の中で生起する転移の処理、すなわち転移の分析は治療の中核をなす。この場合の「転移」とは、本来両親のいずれかに向けられるべき愛・憎・依存等々の情動的内容が、その現実的根拠なしにセラピストに対して向けられる現象をさす。ここでは、こうした定義に基づく情動的関係が、クライエント中心療法のオリエンテーションをもつセラピーの中で、実際に起こるのか、そして起こるとすればそれはどのように扱われるのか、また、起きないとすればその理由は何か、などのことを考えていこう。

ロジャーズは、クライエント中心療法を指向するセラピーの中で生起するクライエントのセラピストに感ずる情動内容は、多くの場合、「転移の性質というよりはむしろ、温和で、しかもなんらかの真実さがある性質のものである」とする。クライエント中心療法においても、クライエントはカウンセラーに対して強い情動的体験をすることはあるのだが、そうした体験が転移の関係に発展することは少ない。それはどのような理由からなのだろう。

転移に対するクライエント中心のセラピストの反応は、クライエントの他のいかなる態度に対するのとも同じである。すなわちセラピストは、理解し受容しようと努力するのである。

つまり、転移の感情の受容が、転移関係が発展しない理由だとロジャーズは主張するのである。では、どうしてそのことが転移の関係を発展させないことになるのか。

転移の感情とは、言ってみればクライエントがセラピストからの自分に対する道徳的・価値的判断を感じ、そのことからさまざまの情動的な体験をすることなのだが、クライエントがそうした情動的体験を表現し、その情動までもが受容されるとき、クライエントはそうした情動的体験が現実的根拠なしに自分の心の中だけで起きている現象であると認知せざるをえなくなるのである。なぜなら、そうした感情が受容されることは、その場面に直接的な脅威が何もないことを証拠だてており、その場面における自分の感情が不適切なものであることがクライエントに感じとれるからである。このようにして、クライエントは、たとえば、自分が自分自身を裁く気持をもっていることを認めることができるようにもなるし、自分が自分の気持をまともに見つめることを恐れていたことを実感するようにもなる。そして、「このような経験が自己との意味深長な関係に体制化されるとき、この『転移の態度』は消失するのである」。

ロジャーズはさまざまな面接の逐語記録を例示しながら、転移的な態度が消失していく具体的なあり様を多数提示しているので、本論文そのものにあたっていただければ、このことに関する理解をより深めていただけると思う。

このようにクライエント中心療法を指向するセラピーにおいては、転移の取扱いを精神分析におけるようには特別視する必要はないし、また、それほど強い感情は形成されない傾向をもつのである。

ロジャーズは、以上の考察をさらに進めて、転移的感情がいかにして形成されるのかについても自分の考えを述べているので少し触れてみよう。転移的感情とは、その内容がいかなるものであっても、その底にはセラピストに対するクライエントの依存（つまりは親に対する子どもの感情）の問題がある。ロジャーズは、そうした感情が形成される要因として、第一にセラピストのクライエントに対する道徳的評価がクライエントを依存的にする可能性を、第二にセラピストの依存されることになるだろうという予測がクライエントを依存的にする可能性を考える。この二点に関して言えば、クライエント中心療法は、第一の点では、評価の少なさが他のセラピーとの間のもっとも明白な差異の一つであるし、第二の点も、その時その時のクライエントの言葉や表現を尊重することによって、クライエントが自己についての責任を取りうることを伝え、依存性よりもむしろ自立性を予測的に思っていることを伝えることになるので、これらのことが依存的転移を妨げていると言えるだろう。しかし、実際のセラピーの分析によると、こうした要因が直接的に転移の形成につながるという研究結果は出てきていない。それゆえ、この時点での考えられる仮説として、ロジャーズは次のように考えている。

クライエントが評価され、しかもこの評価が、自分が自分自身について実施していたいかなる評価よりもより正確であるということを、自分自身の経験によって明瞭に実感するようになるとき、自信が崩壊し、そして依存的な関係が打ちたてられるのである。

## 診断について

身体的疾患の治療の場合、その疾患の医学的診断のうえにたって治療的措置が取られることは自明の前提である。その身体医学の前提を心の問題に適用することは可能なのだろうか。初期の精神医学は身体医学の治療モデルに従って治療理論がつくられる傾向にあったし、現在の精神医学の中にもその影響は強いと言えるだろう。しかし、クライエントとの最初の接触のときから治療的関係が開始されると考えるサイコセラピストもかなり多い。その中で、ロジャーズは診断の問題について、次のように述べる。

クライエント中心療法は……一般的に理解されているような心理学的診断はサイコセラピーにとって不必要であり、セラピーの過程にとって実際には損害であるかもしれないと主張することにより、この論争の一方の極に位置している。

クライエントの体験過程を重視するロジャーズは、どのような診断でも、それがクライエントの治療、すなわち行動の変化や知覚の変化に結びつかないものであれば、それは治療上の意味をもたないと考えるのである。診断が診断のための診断にならないためには、当然、心理学的診断とは心理的力動の解釈やそのクライエントへの提示が含まれることになるのだが、「もしも結局、ある一つの解釈が患者にとって有意味であり、真実であると体験されるのでないならば……その解釈は正しくない」し、その意味で、「最後の診断家は、精神分析においても、クライエント中心療法においても等しく、クライエントもしくは患者なのである」。それゆえ、診断という側面からセラピストの役割を考えた場合には次のように言うことができる。

クライエント中心療法においては、セラピストの目的は、クライエントが自分の不適応の心因的な様相についての診断をなし、その診断を経験し受容することができるような諸条件を準備することである。

以上は、診断が不必要とロジャーズが考える根拠なのだが、さらに、診断に害があると考える理由として、ロジャーズは、第一に、診断がクライエントの依存的傾向を助長し、そのことによってクライエントは人間らしさ（自分の行動を自分の責任で決める）を失うこと、第二に、診断が専門家にまかされるという傾向は、社会全体の少数者による多数者の支配という流れに加担し、民主主義を否定することにもなる、という理由をあげるのである。

**横溝亮一**

《注》

（1） このことは、最後の項の「診断」の問題とも密接に関連することなのだが、今ここでのクライエントの感情のあり様、今のあり様に必然的につながるクライエントの過去の体験、今までの体験から作り上げられたクライエントの自己防衛システムとその限界、そこを切り抜けることができるクライエントの能力やエネルギーの評価ができるようになるにつれて、逆説的ではあるが、クライエントの能力への信頼感が格段に増していくという「カウンセラーの臨床的力量の増大」という観点からの指摘をしておく必要もあると思う。

（2） このような「人間関係の場面（interpersonal situation）を創造すること」が後述する「パーソナリティ変化の必要にして十分な条件」につながる。

（3） 後年、ロジャーズは次のようにセラピストとしての自分の行動を説明する。「……私は『気持のリフレクション』をしようとは努めていないのである。私はクライエントの内的世界についての私の理解が正しいかどうか――私は相手がこの瞬間において体験している（experiencing）がままにそれを見ているかどうか――を見極めようと思っているのである。私の応答はいずれも言葉にならない次の質問を含んでいる。『あなたのなかではこんなふうになっているんですか。あなたがまさに今体験している個人的意味（personal meaning）の色合いや手触りや香りを私は正確にわかっていますか。もしそうでなければ、私は自分の知覚をあなたと合わせたいと思っています』と。」（Reflection of Feelings and Transference, 1986. ロジャーズ選集上巻『気持ちのリフレクション（反映）と転移』一五二～五六頁）

（4） また、「心理的接触」に関しては、ゲーリー・プルーティやディオン・ヴァン・ヴェルデが、接触を確立し維持する能力に障害のあるクライエントとのカウンセリングのために考案したクライエント・センタード・セラピーの理論であり方法論である「プリセラピー」を参考にされることをお薦めする。

**(5)** これに関して、岡村（一九九九）が「クライエントの人間像をとらえること——それに対して無条件の積極的関心を（ネガティブなものはネガティブなものとして）体験すること」と記していることは、非常に重要な指摘と言える。

**《文献》**


岡村達也、一九九九、『カウンセリングの条件』垣内出版。

Rogers, C. R., 1951, *Client-centered Therapy: Its Current Practices, Implications, and Theory*, Houghton Mifflin.（ロージァズ全集第3、5、7、8、16巻に分訳。本章の引用はそのうち、第3巻、友田不二男編訳『サイコセラピィ』岩崎学術出版社、一九六六年による）

———, 1957, The Necessary and Sufficient Conditions of Therapeutic Personality Change, *J. Consult. Psychol.*, 21, 95-103.（伊東博訳「パースナリティ変化の必要にして十分な条件」伊東博編訳『サイコセラピィの過程』ロージァズ全集第4巻所収、岩崎学術出版社、一九六六年）

# 第4章　ロジャーズのパーソナリティ理論

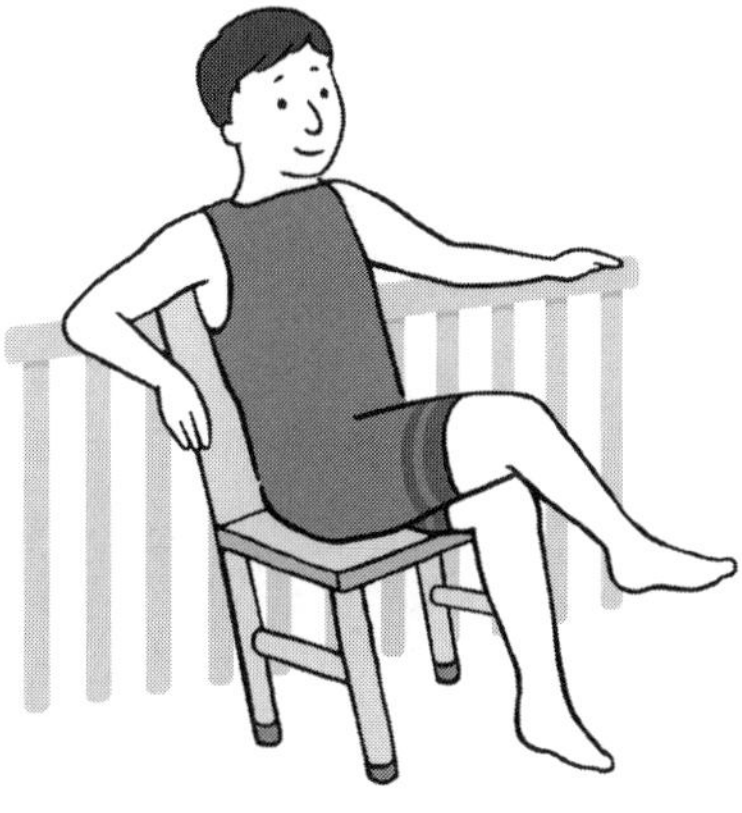

## 1 パーソナリティへのアプローチ

### さまざまな理論とロジャーズの態度

昔から、人間というものをとらえ、説明しようという試みは数多くおこなわれてきた。その中で、心理的存在としての人間をとらえようとするものがパーソナリティ理論と呼ばれる。この試みは、種々の立場の人々によりさまざまな理論を作ってきた。そこで、同じパーソナリティ理論の名のもとに、まったく異なるように見える理論が出てきて読者はとまどうことも多いのではないかと思われる。しかし、少し立ち止まって考えれば、人は一人ひとりの内に、その人なりのそれぞれに独自なパーソナリティ理論（理論というのが大袈裟であれば、心と感情をもった人間という存在に関するなんらかの意見）をもっている。これが理論とか学説とかいうことではなく、たとえば、街中を走り回っている機械をさして、「自動車」というか、「ブーブ」というか、または「une auto」「a car」というかについて、さらには「機械の一種」というか、「動くものの一種」というかについて、どの言い方が正しいかということで論争する人はいないであろう。その人の国籍、文化、ひいては、個性、立場等々によって種々なアプローチが可能になるからである。問題となるのは、自分という主体が、どのような立場から、どのような方法を用いて相手に接近し、どのようなかかわりの中で、どのように相手をとらえ、自分の言葉で表現しようとするか、ということである。ロジャーズの著作を読むとすぐに気づくことであるが、それらには必ず前置きとして自分がどのような人間であり、どのような視点から問題を見ようとしているかということが述べられている。同様に、個々の読者がそれぞれの今いる地点で、それぞれ独自にもっているパーソナリティについての意見なり理論なりを出発点として、それをさらに発展させ、育てていく際になんらかの役に立つことが本章の狙いである。これは、臨床心理業務に就いて、みずからの業務から学ぶことを日常的におこなっている読者にとってはすぐれて今日的な意味をもっていると言える。ロジャーズの言葉を借りれば、「私がもっとも望むこと、それは、私の諸論文が、読者をして自由に読者自身の思考を思考し、なんらかのパーソナリティについての読者自身のスタイルを発展させ、読者自身の価値や判断を公式化するのに役立つことなのであります」(「日本の読者へ――ロジャーズ全集刊行にさいして」ロージァズ全集、岩崎学術出版社、傍点筆者、原文は「援助的関係」)ということにある。

以下、この節では、ロジャーズがどのような立場から、どのような道筋で、どういう方法を用いて人間に接近し、パーソナリティをとらえ、理論を形成してきたかを述べて、ロジャーズのパーソナリティ理論の意義を浮き彫りにしたい。

## ロジャーズの基本的な立場と態度

ロジャーズの人となりに関しては本書の第1章にゆずるが、読者は、自分のそれとを比較して、

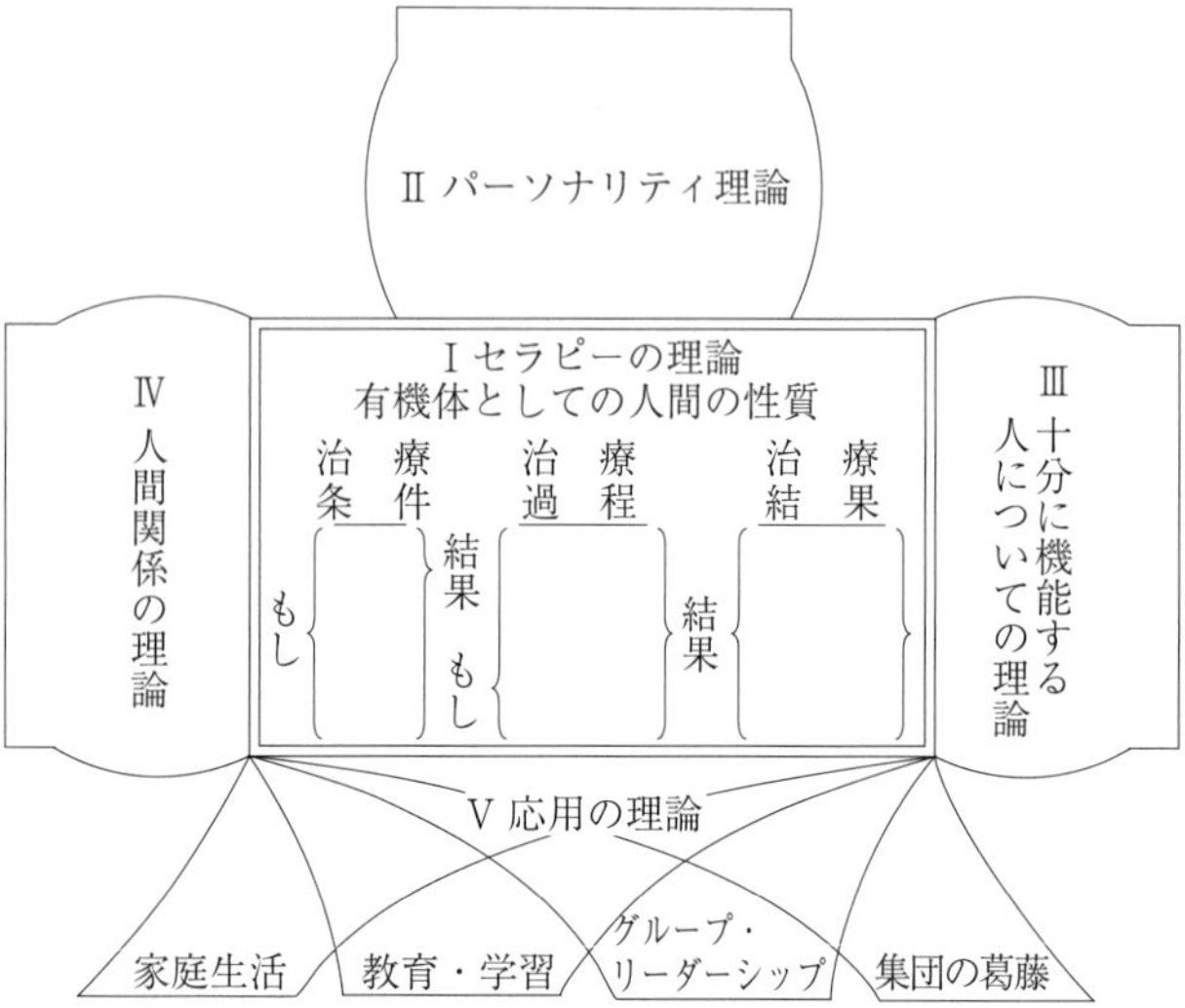


**図1　ロジャーズらの体系的思考の一般的構造**

（出所）Rogers, 1959 所収の図を簡略化したもの。

自分の場合はどのような理論形成が可能かを想像しながら、先に進んでいただきたい。それでは、彼の立場と思考の展開という大きな枠組みから見ていこう。ロジャーズは、心理療法家として、治療という場を足掛かりにして人間を見る。したがってロジャーズとその協力者たちの思考の展開は、図1のように示される。つまり、「われわれが経験したままのセラピーの現象を秩序づけるために構成されたもの」としての「セラピーの理論」が、他の理論の基礎として中心にすえられる。セラピーの理論の中に含まれている、パーソナリティに関する仮説を展開させて構成されたものが、Ⅱの「パーソナリティ理論」である。さらに、Ⅰ、Ⅱ両者をあわせて、その中から抽象されたものが、Ⅲの「十分に機能する人についての理論」、また、治療場面における治療者‐被治療者関係についての経験から試験的に発展させられたものが、Ⅳの「人間関係の理論」である。最後に、「もしわれわれのセラピィに対する観点が妥当なものであるならば、それは人間の経験と活動のすべての分野に応用されるもの」であるとし、Ⅴの「応用の理論」が位置づけられる。要約すると、ロジャーズという個性が、治療者としての立場から、治療という場の中で、主観的に経験したものを基礎として、主観的経験という現象の意味を理解し、秩序づけ、構成したのが、ロジャーズの理論であると言える。

さて、以上のように記述すると、ロジャーズの見方は、いわゆる「客観的科学」をめざすものとは違うと気づく読者も多いであろう。私たちの周囲には、「客観的な科学」とは、実験室の中に、あるいは、コンピュータの中に、または、形式的に「厳密な理論」の中にあるという考えがある。しかし、ある特定の領域にあてはまる方法が、他の領域にも適用されるとは限らない。たとえば長さをはかる尺度で重さをはかろうとしても無用なのは言をまたない。どのような領域を探求するにしても、それぞれにふさわしい視点、尺度、方法が必要になってくるのである。

何かで成功した人は、次に他のことをしようとするとき、自分が成功したときに用いたやり方を使おうとする。自然科学で成功した方法をパーソナリティについても使おうと試みるのは、無理からぬことである。どのような領域の科学も、他の成功した分野のやり方の真似《まね》から始まり、その領域にふさわしいやり方を見出すまでにはさまざまに試行錯誤する。パーソナリティの探求をしようとした先人たちは、こうした地点から歩き始めた。ある人は、植物図鑑や昆虫図鑑のようなやり方で人間を特徴によって分類（類型論）することから始めた。また他の人は、解剖学のように人間のもつさまざまな側面を腑分けして人間を要素に分解した（特性論）。これらの試みによって人間理解は進んだが、ここまででは、人が何を体験することによって、今まではしなかったことをするようになるという事実を、説明することはできなかった。そこで、今度は、機械のどのスイッチを押すと、どのように機械が動くかの関係を調べるようなことが人間に関してもおこなわれた。どのような刺激にどのような反応を人間が示すかということである。また、さらに進んで、何らかの刺激を受けた人間の中で、その刺激がどのように受け入れられ、どのような部分にどう伝わって、最終的な反応に到るかという点についてさまざまな説明がされるようになった。パーソナリティの構造と各部分の機能が、機械の設計図を引くように描かれるようにもなった（構造論）。これらの見方では、ある状態すなわち「――という症状」にいる人間に、何らかの操作的な働きかけをして、相手を変化させていこうとする。ここで操作的な働きかけという時には、投薬、処遇、解釈の投与等を意味している。これらの見方を山本和郎（一九七四）は診断的理解と呼び、後述する治療的理解とは区別している。パーソナリティの探求が始められてから、そこに到る過程の中で採用された見方に共通する特徴は、見る者の側から一方的に対象としての相手を見ていることである。この地点までは、先輩格である自然科学の方法を借りて、いわゆる科学的という装いをまとったままで何とかパーソナリティを見てくることができた。こうした「感情移入をしないで、なるべく第三者的につき放して見る」見方をロジャーズは外部的照合枠による見方と呼んでいる。つまり、見られる者の内的世界に関係なく、その外から、外にある物差しに照らして見られる者を見ていく方法である。

さて、心理的な存在としての人間を遠くから離れて眺め、一般化した論を抽象しようとする場合には、以上に挙げた類型論、特性論、構造論などでも良いであろう。しかし、心理治療の中でパーソナリティを探求する者にとっては、H・S・サリヴァン（Sullivan, 1947）の言うように、「関与しながらの観察」をおこなっているわけである。冷静に遠く離れて、見られる者を観察しているわけではない。見る者のパーソナリティと見られる者のパーソナリティ、そして両者の関係という三者が見る者の視野の中に入っていなければならない。こうした事情の中で臨床心理学的パーソナリティ理論は、見られる者との関わりの中での、見る者自身の体験を基盤に、そこでの実感を通して、見られる者を把握し理解していこうとする現象学的接近法を採用するようになった。ロジャーズがその著作の中に自己紹介を前提として記すのもこうした理由からである。

このようにして、自然科学的な客観的科学主義とでも呼べるものから離れ、治療場面の中に視座を確保すると、前述のような類型論、特性論、構造論などのパーソナリティ理論では不十分に感じられるところが多々出てくる。今、現に目の前に存在する個別・具体的でしかも一個の全体性を有する人間が、今、この場で何を感じ、それによってどのように動き、変化していこうとしているのか、また、そうした動きや変化に治療者自身は、そして両者の関係はどのように関連しているのかが関心の的になってくる。今や、見られる者はたんなる対象ではなくなっている。見られる者（被治療者）はみずからの課題（悩み、主訴）をもって彼なりの解決策を模索するために、主体的に治療者を訪れている。ここでロジャーズは、見られる者の独自性、全体性、主体性を尊重し、彼を信頼して彼独自の世界の中に、彼の案内に従って入っていく道を選んだ。その世界の中では、見られる者にとって彼独自の意味をもつ世界が展開し、流れ、つねに変化していく。見る者は、「――な人」という類型に見られる者を閉じ込めたり、見られる者の一部分を特性として彼の全体性と切り離してことさらに重視したりせずに、見られる者独自の世界の中で生起する動き、変化をともに確かめつつ、独自の世界を展開し、経験している主体としての彼に関わり、一緒にその世界を味わっていくのである。ここで、見る者は、見られる者が意識する可能性のあるあらゆる領域の経験（これをロジャーズは内部的照合枠と呼ぶ）を正確に知覚しようとしている（感情移入的理解）。この際、「あたかも自分が経験しているかのように」という認識が見る者にとっては不可欠である（この認識なしに相手の経験に没入していることをロジャーズは同一化の状態と呼んで区別する）。

こうしてロジャーズは現象学的な接近法を採用し、治療場面の中に視座を確保することにより、心理療法を考えるうえで不可欠なパーソナリティ変化を中心にすえたパーソナリティ理論に到る道を拓いたのである。この点をふまえ、山本は前述の診断的理解に対置する形でロジャーズらのパーソナリティ理論を治療的理解と呼んでいる。また、E・T・ジェンドリン（Gendlin, 1962）は、この相違を表わすために、以前の理論を、人間に内在する内容（人格特性、症状）に注目する概念化として content conception と呼び、ロジャーズによってめざされたパーソナリティ理論を、つねに変化しつづけていく過程の概念化として、process conception と呼んでいる。ロジャーズが後年、自身のパーソナリティ理論をパーソナリティ変化の理論と呼ぶようになるのも、この間の文脈で理解される。

このように、ロジャーズの人間理解の視点は、治療の場の中での人間の変化の過程を見ることに据えられる。したがって、彼のパーソナリティ理論も、個々人に独自の内的世界が、その発達の初期からどのように流れ、展開し、変化していくか、という変化の過程を見ていこうとする。この点がロジャーズのパーソナリティ理論の大きな特徴と言える。

次節では、ロジャーズのパーソナリティ理論が一番よくまとめられている「クライエント中心療法の立場から発展したセラピー、パーソナリティおよび対人関係の理論」（A Theory of Therapy, Personality, and Interpersonal Relationships, as Developed in the Client-centered Framework）という一九五九年の論文に従って、彼の理論を概説する。

## 2　ロジャーズのパーソナリティ理論

### 幼児についての仮定された特徴

前節のような視点からロジャーズはパーソナリティの出発点を遠望する。彼自身が認めているように、この地点は理論を形成する母体となった治療という経験からは離れているので、仮定として記述される。

生まれたばかりの幼児の未分化で動き始めたばかりの内的な世界に関して、ロジャーズが仮定するのは次の三点である。すなわち、経験（＝現象の場）、実現傾向、価値づけの過程、である。

ロジャーズは、「幼児は自分の経験を現実として知覚している」と言う。経験という言葉によって彼は、「有機体の中で起こっているもので、いつでも意識される可能性のある潜在的なものすべて」を意味している。まさに、幼児の内的な世界には、いろいろなものが映り、消えていく。母親の声、室外から差し込む日光、風のそよぎ、空腹感……それらは意識される可能性はあるが、まだ意識もされず、分化してもいない。そのような経験それ自体を幼児は現実として知覚する。こうした経験は、周囲からは推測することしかできない。幼児の経験を経験されるままに意識する可能性があるのは幼児自身である。ロジャーズの例によって、より具体的に説明しよう。幼児が一人の親切で愛情のある人に連れて行かれたとする。もしその子が、この経験を慣れない恐ろしいものと知覚したならば、この子を規制するのは、その知覚である。このとき、この子にとって大事なのは、いわゆる客観的な事実として大人たちが明らかだと思う事実なのではなく、また、いわゆる刺激でもない。彼の現象の中に相手がどのように知覚されるかなのである。

次に、幼児は、自分の有機体を実現していくという生来の傾向（＝実現傾向）をもっている、とロジャーズは言う。彼が人間の基本的な動因として仮定するのは、この実現傾向だけである。これはいわゆる動因や欲求の概念とは異なる。それらの概念は一般に緊張の解消へと向かうものとして定義されている。たとえば、のどが渇いている人が、水という誘因を得ることにより、渇動因が低減するという具合である。しかし、歩き始めた幼児の、転んでも、転んでも、なおかつ歩こうとして努力する行動なども含めて、ロジャーズは、有機体を維持し、強化していくものとして実現傾向を定義づけている。

さて、幼児は一つの体制化された全体として、基本的な実現傾向により、現実との交互作用をおこなっていく。その中で、幼児は、有機体的な価値づけの過程を経験し始める。つまり、実現傾向に照らして、有機体を維持したり強化したりするものとして知覚される経験は肯定的な価値を与えられ、そのような維持や強化を不可能にすると知覚される経験は否定的な価値を与えられるのである。

## 自己の発達

幼児は、彼独自の現象の場に外界の事象を反映させ、基本的実現傾向に照らして彼の経験を有機的に価値づけ、そのうえで肯定的に価値づけられる経験を求め、否定的な経験を避けるようになっていく。その過程の中で、彼の経験の一部は象徴化され、存在していること、機能していることを意識する状態になる。このように意識している状態をロジャーズは自己経験と呼ぶ。たとえば泣いている子どもが、泣いているということを意識する状態である。

こうした経験は、環境、とくに幼児にとって重要な他者（一般的には母親）との交互作用の中で、自己概念として明確になってくる。この段階で、先の例の泣いていた子どもは、母親の言葉を受け入れ、「泣き虫」という自己概念をもつかもしれない。

みずからの経験の場の中で、自己を知覚するようになってくると、幼児は肯定的な配慮を求める欲求を発達させる。つまり、彼は大人たちに愛情を求めるようになってくる。このことは、相手の中に愛情があるか否かを推測しなければならないということを意味する。相手の表情に、動作に、彼は肯定的な配慮を相手が経験しているという兆候を見つけようとする。彼は母親の中に彼に対する愛情があるかないかを敏感によみとろうとする。そして、母親が自分の肯定的な配慮を求める欲求を満たしてくれていると彼が知覚するとき、彼は安らかで満ち足りた様子を全身にあらわし、このことを母親自身が知覚すれば、それは母親自身の肯定的な配慮を求める欲求を満たしていることにもなる。相互に満足できる価値ある体験になるのである。逆に何らかの原因で母親が彼に対して肯定的な配慮を示すことができないような場合には、幼児は、いろいろな方法で母親の気をひいたり、試したりするようにもなる。

以上のような経験の中から、幼児は、他者からの見られ方に関する全体的なゲシュタルトを形成していく。したがって、相手からの肯定的な配慮に関する新たな経験の一つひとつが、彼にとっては大きなものとなり、肯定的な配慮を向けられていると彼が知覚するときは、彼は有頂天になり、反対にそれが拒否されていると知覚すると、いっぺんに落胆するような行動を示すようになってくるのである。この段階になると、幼児にとって重要な他者が肯定的な配慮を示すことは有機的な価値づけの過程よりも、もっと大きなものとして知覚されるようになってくる。

こうして社会的に重要な他者との関係の中で発達してきた肯定的な配慮を求める欲求は、次第に他者の態度に直接には影響されない、自己に対する肯定的な態度になってくる。つまり、今や、他者によって肯定的な配慮を求めるのではなく、幼児自身が彼にとっての重要な他者になり、自己の内なる重要な他者に肯定的な配慮を求めるようになるのである。このような形で経験される肯定的な配慮を、ロジャーズは自己配慮と呼ぶ。

自己配慮が明確な形をとり始めると、当然個人の経験のある部分は、自己配慮に値しなくなり、また、他の部分は値する、という分化が生じてくる。これを、その個人が価値の条件を獲得した、と言う。

こうして、自己経験、自己概念の象徴化の過程が進み、幼児の経験の一部が自己として分化していくにつれ、有機体の実現傾向から、自己を実現するものとしての自己実現の傾向も分化していき、また、有機体の価値づけの過程にかかわるものとして価値の条件が発達していくのである。

以上、理論的に自己の構造が発達してくる筋道を辿ってきたが、この傾向は前記のように、一筋に順序だてて起こるものではなく、個々人それぞれのバリエーションがありうる。たとえば、もし、幼児にとって社会的に重要な他者から得られる肯定的配慮が、前記のように条件つきのものではなく、無条件の肯定的な配慮であったらどうなるだろうか。当然、理論的には、前述の価値の条件はまったく発達しないであろう。ここで重要なのは、以上の論議から明らかではあるが、いずれの肯定的な配慮にしても、それは、相手の経験に向けられている、ということである。幼児に無条件の肯定的な配慮を感じている人間、すなわち、幼児を尊重している人は、幼児の個々の行動のすべてに無前提の高い評価を与えて「受容」するということではない。そのような理解は、経験と行動とを混同している。弟を殴っている子どもと、彼に無条件の肯定的な配慮を示している親とのやりとりをロジャーズは次のように想定している。

お前が小さい弟を打つことで……どんなに満足しているかはよくわかる。私はお前を愛しているし、お前が満足することは嬉しい。しかし、私は、自分の気持ちも同時に尊重したい。私は、お前の弟がけがをした時は大変心配する。だから私は、お前に弟を打たせない。お前の気持ちも私の気持ちも両方大切なのであって、お互いに自由に自分の気持ちをもつことができる。

もしこのようにして、子どもが一つひとつの経験について、自分自身の有機的な評価をすることができるとしたら、子どもの生活は、これらの満足を調和させるようなものになるであろう、とロジャーズは言う。ここで、親は、子どもの経験に対しては、無条件の肯定的な配慮を示しているが、子どもの実際の行動は止めているのである。彼は、さらに、子どもの経験を次のように図式化する。

私は小さい弟を打てば気持ちがよい。弟を打つのは愉快だ。お母さんが心配するのは楽しいものではない。お母さんが心配していると満足な気持ちにはなれない。私はお母さんを喜ばせたい。

こうしてその子どもの行動は、ある時は弟を打つ満足感をもつものとなり、ある時は母親を喜ばせる満足感をもつものとなる。しかし、このように分化したやり方で満足感あるいは不満足感を経験したならば、その子どもはこれらの感情を否認する必要は決してないであろう。

## 自己と経験の不一致の発達

以上、価値の条件の発達をめぐる論議をしてきたが、ここで本論に戻ることとする。通常の道筋としては、自己の象徴化の過程にともない、自己配慮を求める欲求が発達してくる。人は、自己配慮を求める欲求を満足させるために、価値の条件に従って自分の経験を選択的に知覚するようになる。価値の条件に一致する経験は、意識のうえで正確に知覚され、象徴化される。しかし、価値の条件に一致しない経験は、あたかも価値の条件に一致しているかのように選択的に知覚される。また、その一部か全体が否定されて、意識されなくなる。こうして、価値の条件に従って

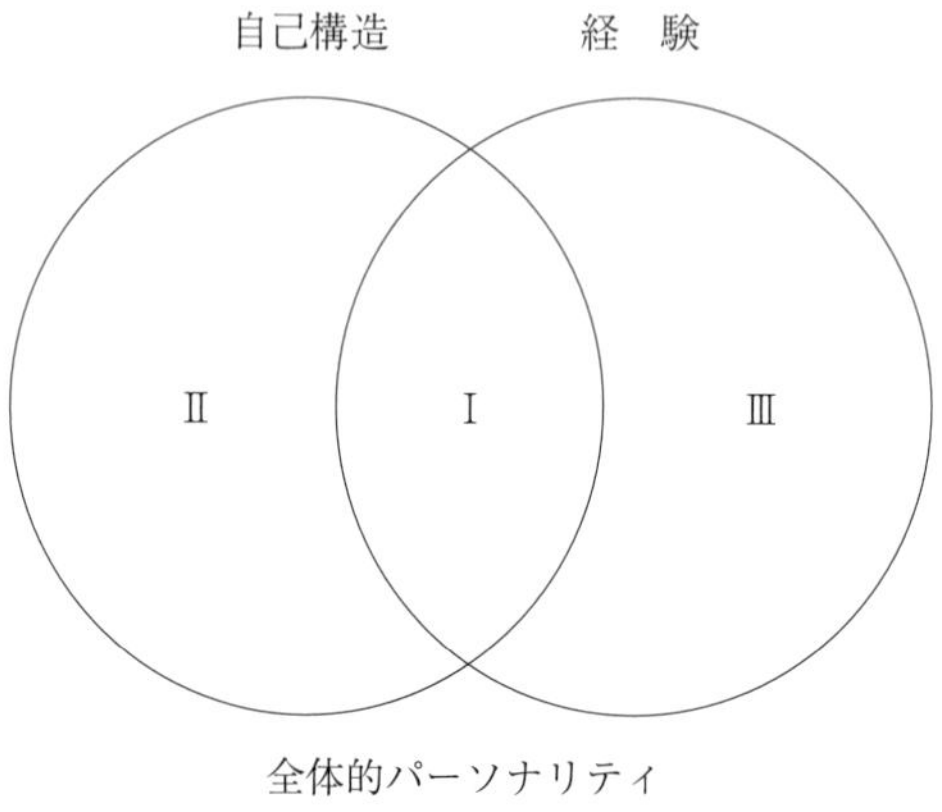


**図2　自己と経験の不一致**

（出所）Rogers，1951 所収の図を簡略化したもの。

選択的な知覚を始めたときから、自己と経験の間の不一致、心理的な不適応、傷つきやすさといった状態が出現するようになる。これを図示すると図2のようになる。

この図自体は過渡的なものであり、ある時点での全体的なパーソナリティの断面を静的に切りとったものとして、過程に沿って見るというよりは、内容によって説明しようとしているものである。しかし、自己と経験の不一致の状態を理解するのに便利であると思われるのでここで取り上げた。

全体としての図形は、パーソナリティの全体を示している。右の円は経験を表している。左の円は自己概念を表している。Ⅰの領域は、経験と自己概念とが一致している現象の場、Ⅱは経験が象徴化される際に価値の条件にあてはまるように歪曲されて知覚された現象の場、Ⅲは自己概念と矛盾するために意識することを拒否された経験のある現象の場である。具体的に、ロジャーズが例にあげている青年の言葉を、該当する領域ごとに見ていこう。

この青年の両親は、息子が機械関係の分野に向いていることを望んでいた。しかし、不幸にして、いくつかの体験から、両親は彼には機械関係への適性がないと結論づけ、落胆していた。彼は成長するにつれ、機械に関することでいくつか失敗する経験をし、その度に両親に、「お前はこういうことは駄目なんだねえ」と言われてきた。その中で彼は、機械関係にまったく駄目な自分、という自己概念をもつに到った。

彼の述懐で、Ⅱの領域にあてはまるものは、次のようなものであった。「僕は機械とか装置とかを使うのには全然向いていないんです。これは、僕がまったく駄目な人間だっていう証拠なんです」。この述懐は歪曲されたものだという特徴をはっきりと示している。ある特定の分野に関する試みを、全部、しかも完全に失敗してきたと、彼は言うのだが、常識で考えても、二十余年の長きにわたって全部を、しかも完璧に失敗することができたということは、神業といえるのではないだろうか。この述懐のもととなる経験を図式的に言い表すと、次のようなものになる。「僕は両親に受け容れてもらえるような人間になりたかった。だから、両親が、こうだと思っているような人間として自分を経験しなきゃいけないんです」。

もちろん、時には彼も失敗することがあるだろう。こうした失敗の経験は、前述のような彼の自己概念にぴたりとあてはまるので、そっくりそのまま意識される。このような経験はⅠの領域に入れられる。

そして、時には、彼は間違えて成功してしまうこともある。しかし、こうした経験は自己概念にあてはまらないものなので、意識にのぼることは許されない。もし、こうした経験を意識してしまうと、彼の自己概念は崩されてしまうことになるからである。しかし、こうした成功経験があまりにもはっきりしていると、はっきり意識する前の段階で、自己概念に脅威を与えるものとしてとらえられ（＝潜在知覚され）、脅威とは思われないような粉飾を施されてから、意識される。たとえば、「まったく運がよかった」とか、「部品が丁度うまい具合にすべりこんだんだ」とか、「一〇〇万年たっても二度とやれるわけがない」という具合である。このように歪曲されると、Ⅱの領域のものとして意識されることになる。

さて、自己と経験との不一致の結果として、その人の行動にも、同様の不一致が起こる。ある行動は自己概念と一致しており、その自己概念を維持し、実現し、強化する。このような行動は素直に意識にのぼる。しかし、ある行動は、自己概念に同化されない有機体のある側面を維持し、強化し、実現する。これらの行動は、自己経験として知覚されないか、または、自己と一致するように歪められたり、また選択されたりして知覚される。極端な例ではあるが、数学がまったく駄目だといっていた女子高校生に筆者は会ったことがある。彼女は、数字というものがいっさい書けないと訴えていたのだが、何回目かの面接の時に、筆者に連絡先を教えてくれと頼んできた。うかつにも筆者が口頭で住所と電話番号を伝えたところ、何と、彼女は手帳を出して数字を書いたのである。それが済むと、彼女は何もなかったかのように、いっさいの数字というものが書けない悩みをまた訴え続けたのである。

さて、先にも少し触れたが、自己概念に一致しない経験は、脅威を与えるものとして潜在知覚される。もし、その経験が意識のうえに正確に象徴化されると、自己概念は、矛盾なく一貫したゲシュタルトではなくなり、価値の条件は乱され、自己配慮を求める欲求は満たされなくなってしまう。

防衛の過程は、このようなことが起こらないように予防する反応として起こる。この過程は、経験を選択的に知覚したり、歪曲したり、または、その一部か全部を拒否したりして、その経験の近くを自己の構造と一致するように保っているのである。その結果、知覚を歪めるために、柔軟性のない固い知覚の仕方をするようになり、事実を歪めたり拒否したりするために現実を不正確に知覚するようになる。さらに、自己概念に一致する経験を絶対視し、過度に一般化したり、現実に照らして事実を見るよりは、理屈っぽいつじつま合わせに終始したりするようになる。

### 特殊な状況下で起こる過程（解体・崩壊の過程と再統合の過程）

以上述べたことは多かれ少なかれ全ての個人に適用されるが、以下では、特殊な状況下でだけ起こるような過程について述べる。

自己と経験の不一致の度合いが大きくなり、しかも、この不一致をはっきりさせる経験が突然起きたり、あまりに明白に起きてしまったりしたとする。そのような状況下では、防衛の過程は十分に機能しなくなる。そのため、その不一致が潜在知覚されるにつれて不安が経験されるようになる。

防衛の過程が機能せず、この経験が意識のうえに正確に象徴化されてしまうと、自己の構造は崩壊する。この結果として現れる状況を解体と呼ぶ。

解体の状態に陥ると、人は時に、それまでは拒否しようとしたり歪曲しようとしたりしていた経験とはっきり一致した行動をとる。また、時に、自己が支配的な立場にもどることもある。いずれにしろ、以前の自己と、それとは一致しない経験との間の緊張関係が表面化し、統制のとれない混乱した状態を呈する。急性の精神病的状態である。

右に述べた現象は、ゆるやかな形で心理療法の中で起きている。治療の自由さの中で自分自身を表現していくと、今までは自己概念に一致しないために、意識にのぼらずにいた経験に自分自身で気づき始めるのである。それにともなって不安が生じるが、適切な治療関係の中では、そうした不安自体も表現され、そのことを通じて、経験を規制していた価値の条件が検討されていく。こうして、解体の状態に到る前の段階で、自己の中に、今までは打ち棄てられていた経験が統合される建設的な過程が生じてくる。

しかし、治療の中でも、適切な条件が存在しないとき、つまり、自分自身が治療関係の中で処理できる以上の拒否された経験に直面させられてしまうと、解体の状況へと移行してしまう。治療者が急ぎすぎた場合や、何種かの療法を同時に並行して受けている場合などに見られる現象である。

解体の状態にいる個人の行動は、周囲から理解できないとされるものであることが多いが、こうした精神病的な行動の多くは、今まで拒否していた経験に一致する。したがって、それ以前のその人とはまったく相容れない、対極的な行動となる。以前は、まったくおとなしく、礼儀正しく、またいさかいを恐れていた少年が、突如母親に暴力を振るうなどという現象である。このような行動に走っているとき、人はみずからを保護するために、それまでもっていた自己概念に気づくことから、みずからを防衛している。ある「非行」少年の言葉を借りれば、「昔のことなんか消すの。消さなきゃやってられないぜ。そんなもんが出てきたら、もう元通りのブリッ子よ。俺なんか、そこら辺見えちゃったらもうもどれないけどね……」というわけである。また、自己が再びもり返し、行動が自己と一致しているような状態にもどった時にも、その人の自己概念は「自分には自分の統制の及ばない衝動と力とがあり、自分は常軌を逸した、駄目な、力の無い存在である」という自己に対する不信感が加わっている。

以上に述べた、自己と経験との間の不一致の状態や、解体の状態から回復していく過程が再統合の過程である。これは、習慣的に脅威となっている経験が意識のうえに正確に象徴化され、自己構造の中に同化されていく過程であるが、このためには、価値の条件が減少し、無条件の自己配慮が増加しなければならない。このことを達成する一つの道は、その人にとって重要な他者から無条件の肯定的な配慮を感情移入的な文脈の中で伝えられ、その人自身がそのことを知覚することである。この点に関しては詳述を避ける。本書の第1章，第2章ならびに他の文献を参照されたい。

## 3 まとめ

パーソナリティ、治療関係、対人関係を理解しようとする試みは数多くあり、それぞれに成果をあげている。しかし、パーソナリティの変化と、その過程の中の各々の時点で、その個人がどのように世界を把握しているかという体験の様式を把握しようとする現代的な試みは、ようやく一世紀を迎えたばかりの歴史の浅いものである。その間の先人たちの苦労は大きく、また、その成果も大きなものがあるが、それは、時代的な背景や、先行する他の諸科学による影響を大きく受けてきたと言える。その中で、先人たちは、みずからの治療の中での経験を、それまでに他の諸科学の中で開発され、展開されてきた諸々の方法、手段、概念を用いて意味づけ、秩序づけてきたりもした。したがって、各々の理論の特徴として、生物学的であるとか、経済学的であるとか、さらには構造論的、既往論的とかの批評が加えられ、時には似非《えせ》科学主義などと批判されたりもしてきた。しかし、それぞれの科学にそれぞれの歴史があり、流れがあるように、パーソナリティの理論にも同様の流れがある。先行諸科学の狭間の中で新たな領域を対象に新たに自己主張を始めたものが、以前から存在するものに、「それではダメだ、もっと『科学的』になりなさい」と言われつづけ、先輩たちの概念を借用して自己概念を形成することは、みずからを実現していくために必要なことであったと言える。こうして、パーソナリティ理論の自己形成期に、重要な社会的他者たちとの交流の中で、みずからの自己概念を発達させ、直接的な生の経験と自己概念の不一致が発達してくることになった。柔軟性のない固い理論化がなされたり、それぞれの理論にあてはまらない治療的な経験を、歪曲して知覚したり、拒否したりということが起きてくる由縁である。しかし、近年では、表面的な概念の相違や学派間の対立を超え、実際の治療の場における治療者自身の直接的な経験を忠実にありのままに見つめるための交流が増大してきているように思われる。ロジャーズは、自身の体験をとおして、直接的な生の経験にたちかえろうと志した人であると言えよう。

彼は、心理療法家として、治療の場における、みずからの主観的経験をありのままに見つめようとした。そして、その中で、人格の変化、人間の経験の過程そのものに取り組み、みずからの経験をそのままに象徴化しようとしてきた。こうしたロジャーズの努力によって、人間が治療という場の中で変化していく過程に、直接的に生のかたちで取り組むことが可能になり、彼と彼の協力者たちによって、その取り組みにふさわしい視点、方法、尺度が開発されてきたと言えよう。しかし、ロジャーズ自身も、当然、時代的な制約を負っている。彼が創出した流れは、治療場面での人格変化を、その際の人間の知覚の場としての経験を通して、過程として見ていこうという方向を辿っているが、それにもかかわらず、本章の図2に示したような content conception を採用せざるをえないところが見受けられる。そうしたロジャーズ自身の不十分性を超えるものの一つとして、ジェンドリンの体験過程論（第7章参照）などがあげられる。その意味でも、読者一人ひとりが、現在みずからのいる地点で、自身の経験を生のままで直接的に取り上げ、ロジャーズらの理論を参考にしつつも、それらにとらわれずに、みずからの経験そのものに直接的に照合する中から、各人の理論を作りあげていただけると幸いである。

**鵜養美昭**

### 《文献》


Gendlin, E. T., 1962, *Experiencing and the Creation of Meaning*, The Free Press.

Rogers, C. R., 1951, *Client-centered Therapy: Its Current Practices, Implications, and Theory*, Houghton Mifflin.（ロージァズ全集第3、5、7、8、16巻に分訳、岩崎学術出版社）

———, 1959, A Theory of Therapy, Personality, and Interpersonal Relationships, as Developed in the Client-centered Framework, S. Koch, ed., *Psychology: A Study of a Science, Vol. III. Formulations of the Person and the Social Context*, McGraw-Hill.（伊東博編訳『パーソナリティ理論』ロージァズ全集第8巻所収、岩崎学術出版社、一九六七年）

Sullivan, H. S., 1947, *Conceptions of Modern Psychiatry*, The William Alanson White Psychiatric Foundation.（中井久夫・山口隆訳『現代精神医学の概念』みすず書房、一九七六年）

山本和郎、一九七四、「現象学的人間論」『性格心理学』大日本図書。

# 第5章　クライエント中心療法の研究

## 1　ロジャーズの科学観

心理療法に携わる人びとの中には、事例研究はともかく実証的研究には関心がないとか、実証的研究をおこなう際の心理検査や評定の実施が心理療法の状況を通常とは異なるものにしてしまうといった問題を感じるためにそれを重視する気にならない人が多いであろう。このような実証的研究に関する消極派に対して、クライエント中心療法の立場では、きわめて積極的に実証的研究に取り組んできている。クライエント中心療法は、実証的研究による裏づけをともなって発展してきたといえるほどである。現在、広く利用されている面接の録音も、ロジャーズが科学への第一歩として積極的に利用しはじめたものである。一九四〇年代にはじまった心理療法の研究も、その初期にはたいへん未熟なものであったが、次第に研究が蓄積されていき、やがて『サイコセラピーとパーソナリティの変化』(*Psychotherapy and Personality Change*)や『治療的関係とそのインパクト――統合失調症者との心理療法の研究』(*The Therapeutic Relationship and Its Impact: A Study of Psychotherapy with Schizophrenics*)のような大規模で画期的な研究へと開花していった。

何がロジャーズにこのような実証的研究を尊重する態度をとらせたのであろうか。そこには、彼の科学観が深く関与していると考えられる。そこで、本節では、彼の科学観に目を向けてみよう。

まず、ロジャーズは、クライエント中心療法の理論をたしかな真理として唱えているのではなく、仮説、すなわち私たちがもっている知識を発展させていくための道具であると考えている。彼が残念に思っているのは、フロイトの不安定な弟子たちの姿勢である。フロイト自身は、よく知られているように、自分が創り出した理論よりもむしろ観察した事実の方に重きを置いて理論を修正し続けていったのであるが、彼の不安定な弟子たちはかなり長い間、その理論を真理であり修正すべきではないと見なしていたのである。理論は、このように固定化して独断に陥ってしまう危険を常に秘めているため、そうならないように配慮する必要がある。このため、ロジャーズはクライエント中心療法の理論をあえて仮説であるとするのであり、彼は、仮説は実証的研究によって検証されるべきであると信じているのである。

また、ロジャーズは、科学的研究というものがどのような段階においてもはじめることができると考えている。個々の科学には自然な発展の歴史があり、十分に発展した科学の領域においては、洗練された仮説や測定手法が整っているとしても、心理療法のような新しい領域の科学では、観察が粗雑で仮説が不正確で測定が大まかであるのは自然なことであり、もしそうだとしても科学としての価値が劣っているとは言えないのである。むしろ、科学の価値を決めるのは、その科学がよりたしかな仮説、より精密な測定に向かって発展していっているかどうかということなのである。

もう一つ、より哲学的な見解であるが、ロジャーズには、主観が根本的に優位であるという信念がある。科学者であろうが誰であろうが人間は自分の主観的世界に生きているのであり、科学がどれほど客観的に研究されようとも、それは人間の主観的な目的と選択の結果なのである。また、客観的な真理がたとえ存在するとしても、人間がそれに対して客観的な真理としての資格があると主観的に感じるのであり、このような意味で主観が何よりも優位なのである。

以上のような科学に対するロジャーズの態度が、クライエント中心療法の研究を促し、その性格に影響を与えたと考えられる。どのような研究の成果であれ、それを認める主観が根本的に優位とするなら、研究の限界がはっきりし、それを恐れる必要はなくなる。その枠内で素朴な水準から研究を進めていき、およそクライエント中心療法の理論に含まれるほとんどの概念を測定可能にし、たんに理論を研究によって確かめるだけにとどまらず、研究からのフィードバックにより柔軟に理論を修正し、さらに実際のセラピーに関する示唆を得てきたことが、クライエント中心療法の大きな特徴と言えるだろう。

## 2 『サイコセラピーとパーソナリティの変化』

心理療法は、建設的なパーソナリティ変化をもたらすであろうか。多くのセラピストは、自分自身の体験からそのとおりであると答えるであろうが、他方でその十分な証拠がないという指摘もある。たとえば、H・J・アイゼンクは、多くの資料を検討し、それらが「神経症患者の約三分の二が心理療法による治療を受けても受けなくても、発病後二年以内に回復するか著しく改善すると示している」(Eysenck, 1952) と述べ、心理療法の効果について否定的である。

ここで取り上げる『サイコセラピーとパーソナリティの変化』は、クライエント中心療法によって、クライエントに建設的なパーソナリティの変化が起こるかどうかを確かめようとした研究である。この研究では、心理療法における「成功」とか得られた「治癒」という価値判断を含んでいたり定義づけがむずかしい概念を用いていない。代わりに心理療法に付随して起きる変化は何かを測定することをめざして、微妙なパーソナリティの変化をとらえるための測定手法を数多く利用していることが、この研究の特徴である。

### 研究の概要

研究計画は、図1に示すとおりである。

治療群の人びととは、自分からセラピーを求めてシカゴ大学のカウンセリング・センターにやってきたクライエント二九名である。彼らの約半数は、二ヵ月間セラピーに入らないで待っているように要請された。これが自己統制群である。この群は、セラピーに対する動機があるだけでもパーソナリティの変化が起こるかどうかを検討するために設けられた。また、これら二種の治療群に対して、セラピーを受けない統制群二種が設けられた。彼らは、治療群の人びとと、性、年齢、社会経済的地位などが対応するよう組み合わされた。

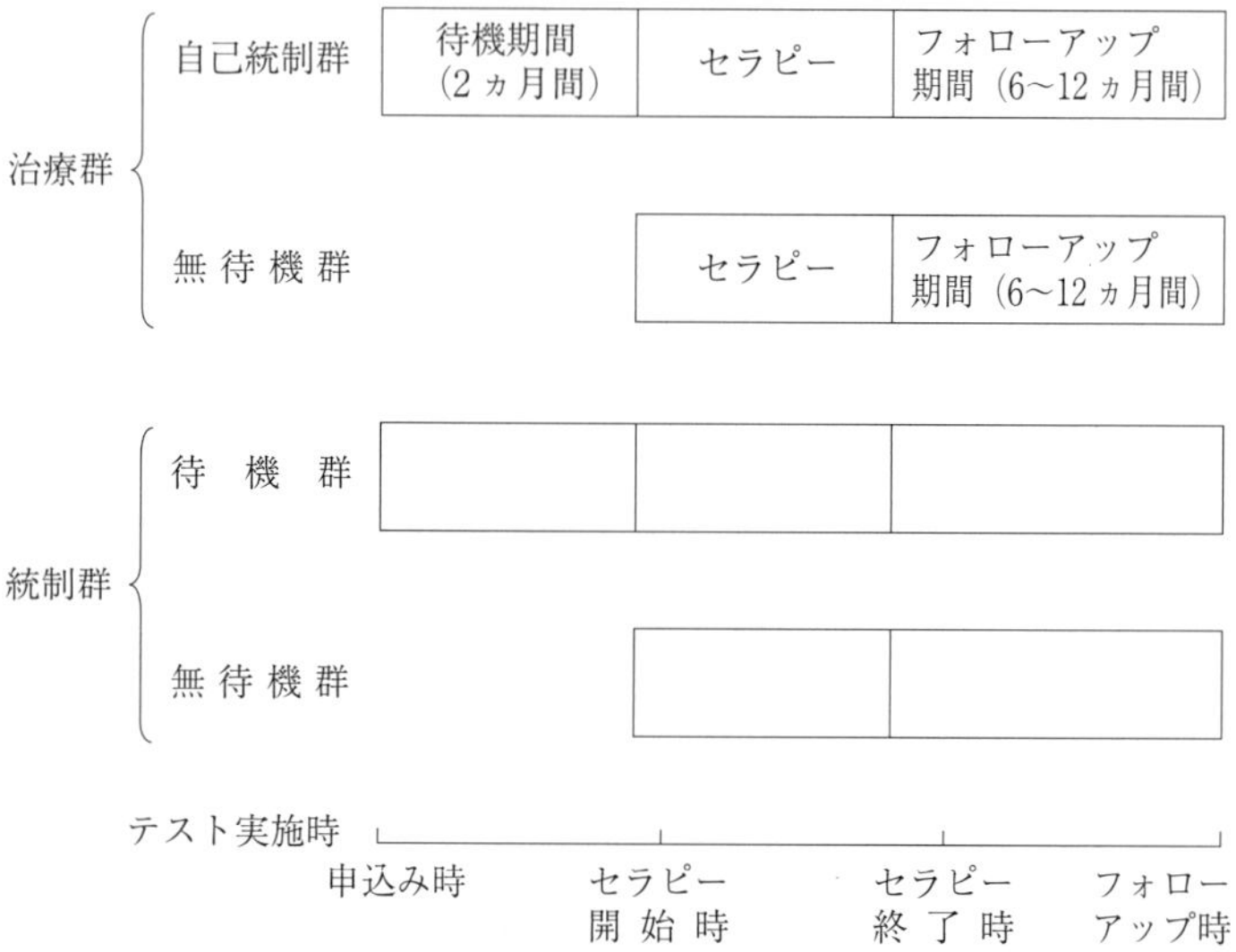


（出所） Rogers et al., 1954.

**図1 『サイコセラピーとパーソナリティの変化』の研究計画**

セラピストは、ロジャーズを含む一二人であり、その多くは平均的な臨床経験をもつセラピストであった。ロジャーズたちには、とくに力のあるセラピストを選んでこようという意図はなかったようである。

治療群と統制群の人びとは、セラピー前、セラピー後、フォローアップ時に（自己統制群の人びとは、待機前にも）、Qテクニック、TAT、ウィロビー情緒成熟尺度、自己他者尺度などに答えた。

## 自己概念の変化

自己概念は、クライエント中心療法の理論において、もっとも重要な概念の一つである。自己概念は、意識に許

**表1　Qテクニックで用いられる自己に関する説明文例**

| | |
|---|---|
| 私は偽りの仮面をかぶっている。 | 私の心は満ち足りている。 |
| 私は希望を失ったと感じている。 | 私は落ちついている。 |
| 私は物事にあまり感動しない。 | 私は寛容である。 |
| 私は自分の感情を信頼することができない。 | 私は自分を信頼している。 |
| 私はすっかり落ちつきを失っている。 | 私は自分自身をよく知っている。 |

（出所）　Rogers et al., 1954 に基づく。

容しうる自己――知覚する自己または知覚される自己――およびその概念に付着している価値の特質に関する、流動的であるが統一性のある、体制化された概念のパターンであると定義されている。一般にセラピーを求めてやってくる人びとは、自分自身に対して不満足感を抱いているため、彼らの自己概念は、他の人びとに比べると、そうありたいと彼らが望んでいる理想的自己概念とは異なっている。しかし、セラピーを通じて彼らの自己概念と理想的自己概念は解体され、やがて二つの自己概念の差異が減った形で再体制化されると考えられる。

この研究では、自己概念を測定するための手法として、Qテクニックを用いている。この手法は、表1に記すような自分に関する説明文が書かれたカードを一〇〇枚用意し、それらを「私にもっとも似ている」から「私にもっとも似ていない」までの九段階に分類させるものである。この九段階にふり分けられた一〇〇個の特徴のパターンが、分類した人の自己概念であるとされる。また、「私の理想像にもっとも似ている」から「私の理想像にもっとも似ていない」までの九段階にふり分けられた一〇〇個の特徴のパターンが、

表2　自己概念分類と理想的自己概念分類の相関

| | 治療前 | 治療後 | フォロー アップ時 |
|---|---|---|---|
| 治療群 | −.01 | .34 | .32 |
| 統制群 | .58 | — | .59 |

（出所）　Rogers et al., 1954 に基づく。

理想的自己概念とされる。そして、治療群の人びとは、セラピー前には両者の分類の相関が低いが、セラピー後には相関が高くなると予想された。

表2に示すように、セラピー前には、治療群の人びとの両者の分類の相関はほとんどなかったが、統制群の人びととの相関は高かった。ところが、セラピー後には、統制群の人びとには変化が起こらなかったが、治療群の人びとの両者の分類の相関はセラピー前に比べて高くなっていた。言い換えれば、クライエント中心療法を通じて、セラピーを求めてやってきた人びとの自己概念と理想的自己概念が類似してきたのである。この変化は、他の独立した評定尺度で著しい進歩をしたとされた人びとの場合には、もっと顕著であった。

このようにクライエント中心療法を通じて自己概念と理想的自己概念が類似してくることがわかるが、この手法は、クライエントの自己評定、いわば内部の規準に頼っている。これとは別に、外部の規準に照らして自己概念の変化をとらえることもできる。たとえば、自己概念がより適応した方向に向かっているかどうかは、適応に関する外部規準を設けることによって検討できるのである。

Qテクニックで用いた一〇〇枚の説明文のそれぞれを、適応を表わしているか不適応を表わしているかという観点から、この研究に従事していない、しかもクライエント中心療法の立場をとらないセラピストが分類した（表1の右側にある説明文は適応を表わすと判定され、左側にある説明文は不適応を表わすと判定された例である）。この適応の規準によれば、セラピー前には、治療群の人びとは、統制群の人びとよりも不適応の自己概念をもっていた。ところが、セラピー後には、治療群の人びとの自己概念は、もっと適応した方向に変化し、両群の有意な差は見られなくなったのである。なお、ここでも著しい進歩をした人びとの場合に、この変化がとくに顕著であった。

### 行動の変化

クライエントの日常の行動は、心理療法によって変化するのだろうか。その変化は、より積極的なものに向かっているのだろうか。これらは、多くの人びとが抱くきわめて実際的な疑問である。ロジャーズは、クライエント中心療法を通じてクライエントは防衛的でなくなり、より社会化された形で行動するようになるだろうと仮定している。クライエントは、子どもっぽい行動をしなくなり、より成熟した行動をするようになるだろうというのである。

日常の行動の測定には、ウィロビー情緒成熟尺度が最適であると考えられた。これは、もっとも未成熟な段階からもっとも成熟した段階までにわたる六〇項目の行動の記述について評定してもらうものである。項目の例は、「彼は、自分の問題を解決するために、援助を求める」（もっとも未成熟な段階)、「自分が劣っているとわかるとき、彼は動揺し、自分が優れていると感じる行為を考えて、自分をなぐさめる」(中間の成熟度の段階)、「彼は、性を表現できる正当な機会を歓迎し、その話題を恥じたり、恐れたり、とらわれたりしない」(もっとも成熟した段階)である。この尺度を用いて評定をおこなったのは、本人とその友人二人である。

友人たちの評定によれば、治療群の人びとも統制群の人びとも、セラピー前とセラピー後で行動の成熟度の変化は見られなかった。しかし、治療群の人びとを進歩を示した人びとと進歩がなかった人びとに分けて考えた場合には、前者ではより成熟した行動への変化が起きたが、後者では逆により未成熟な行動への変化が起きたのである。

## 他者への態度の変化

ロジャーズは、人は自分自身を愛せる程度だけ、他者を愛することができると考えている。ここから、クライエントはふつう、自己中心的で他者に対して攻撃的であるが、セラピーによって自分自身を愛せるようになり、他者を受け容れ尊重するようになるという変化が生じると考えるのである。

このように予想される他者への態度の変化を測定するために、この研究では、権威主義的パーソナリティ尺度を基礎とした、広範な他者に対する民主的-反民主的態度をとらえることができる自己他者尺度を用いている。

治療群と統制群の間における、セラピー前後の他者への態度の有意な差は見出されなかった。クライエント中心療法を受けた人びとが、他者を受け容れる方向に態度を変えるとは言えなかったのである。データを詳細に検討したロジャーズたちは、セラピーにおいて進歩をした人びととの他者への態度は、民主的、反民主的を問わず、極端でなくなるのではないかと考えている。

## セラピーへの動機の効果

治療群のほぼ半数は、二ヵ月間待機しているように頼まれた自己統制群であった。この群は、セラピーへの動機があるだけでも、建設的なパーソナリティ変化が生じるかどうかを検討するために設けられた。

Qテクニックを用いた自己概念の測定、ウィロビー情緒成熟尺度を用いた行動の成熟度の測定、自己他者尺度を用いた他者への態度の測定などにおいて、セラピー待機期間の自己統制群の人びとに建設的なパーソナリティ変化は起きなかった。なお、この自己統制群の中には数回でセラピーを放棄した人びとがいたが、彼らは、最初から割に適応できていて、待機中に建設的な変化が起きていた。彼らには自然回復が見られ、そのためセラピーに熱心でなかったと考えられる。

## 研究の意義

この研究の結果は、クライエント中心療法の理論からの予測に、すべて一致していたわけではないが、セラピーによって重要なパーソナリティの側面で建設的な変化が起こることを明らかにしている。

積極的な結果と同様に重要なのは、得られた示唆や未解決の問題である。一つの示唆は、治療群であるからといって、必ずしも等質の条件にあるとは言えないということである。先に示した結果でも、治療群の人びとを進歩を示した人びととそうでない人びとに分けて検討し、両者に顕著な差異があらわれることが見出されている。クライエントが進歩したかしなかったかという規準は大まかなものであるが、それにもかかわらず、パーソナリティ変化が一様ではないことを示しているのであるから、さらに精巧な概念と測定手法を創り出して、セラピーの質とも言うべきものを探求していく必要性が示唆されるのである。また、未解決の問題の一つは、クライエントのどのようなパーソナリティの要因がセラピーを促すのだろうかということである。ある程度はっきりしてきているのは、あまり適応していなくて、内部的緊張を強く意識していて、他者を適度に受け容れている人びとは、セラピーによって建設的なパーソナリティ変化をするのに対して、より適応していて、内部的緊張をあまり自覚していなくて、反民主的態度の強い人びとは、セラピーから脱落したりあまり恩恵を得ないという傾向があるということである。ここから、クライエント中心療法が効果を発揮できない人びとがいると考えられるが、もちろん、ロジャーズは、研究がその人びとのタイプを発見することを目的とするのではなく、彼らのパーソナリティの変化を促すことができる方法を発見することをめざすべきであると考えている。

## 3　『治療的関係とそのインパクト』

『サイコセラピーとパーソナリティの変化』は、自分からセラピーを求めてやってくる人びとについてのクライエント中心療法の効果を、自己概念などの測定によって実証しようとした研究であった。この研究の後、ロジャーズの関心の焦点は、セラピーの中で起こっていることに向けられるようになってきた。彼は、「治療上のパーソナリティ変化の必要にして十分な条件」（The Necessary and Sufficient Conditions of Therapeutic Personality Change）の中で、クライエントのパーソナリティ変化を促すセラピストの態度的条件を公式化し、「心理療法のプロセス概念」（A Process Conception of Psychotherapy）の中で、クライエントに起こってくる治療的プロセスの理論を展開した。

このような理論の発展を背景として、それまでクライエント中心療法を適用するという経験が乏しかった統合失調症の人びとに、それがどれほど有効かを確かめようとしたのが、『治療的関係とそのインパクト』である。

### 研究の概要

研究計画は、図2に示すとおりである。

| | | | |
|---|---|---|---|
| 治療群 | より急性の統合失調症者群 | セラピー | フォローアップ期間 |
| | より慢性の統合失調症者群 | セラピー | フォローアップ期間 |
| | 正　常　者　群 | セラピー | フォローアップ期間 |
| 統制群 | より急性の統合失調症者群 | | |
| | より慢性の統合失調症者群 | | |
| | 正　常　者　群 | | |

**図2　『治療的関係とそのインパクト』の研究計画**

（出所）　Rogers et al., 1967.

治療群と統制群は、ともに三つの下位群から成っていた。それらは、より慢性の統合失調症者たち、より急性の統合失調症者たち、正常者たちから構成されていて、各下位群八人ずつ、全体で四八人であった。治療群の人びとと統制群の人びとは、性、年齢、社会教育的水準がほぼ対応するように組み合わされていた。統合失調症者たちは、ウィスコンシンにある精神病院に入院していた患者である。

セラピストは八人で、それぞれがより慢性の統合失調症者、より急性の統合失調症者、正常者を一人ずつ、合計三人のセラピーを担当した。

この研究のデータは、面接の記録や、間隔を置いておこなわれたさまざまなテスト、サンプリング面接の記録などである。なお、面接記録の評定は、心理療法について専門的知識がない大学生たちがおこなった。

## セラピストの態度の測定

クライエントのパーソナリティ変化を促すセラピストの態度的条件は、一致性、正確な共感的理解、無条件の肯定的関心の三つである（第3章参照）。

セラピストは、治療関係の中で、一致していて純粋で統合された人間であらねばならない。一致性とは、彼が自己自身であって、その現実の体験が自己意識によって正確に表現されるということをあらわしている。セラピストは「このクライエントが恐い」というような体験をするかもしれない。この感情を認め、自由にそうあることができるならば、彼は一致していると言えるのである。

正確な共感的理解とは、クライエントの私的な世界をあたかも自分自身のものであるかのように感じ取り、しかもこの「あたかも……かのように」という性格を失わないことである。クライエントが表現する怒りや恐怖をあたかも自分自身のものであるかのように感じ、しかもその怒りや恐怖に巻き込まれないようにするのがこの態度なのである。

無条件の肯定的関心とは、「あなたがかくかくである場合にだけ、私はあなたが好きなのです」

という、条件つきの肯定的関心とは異なり、クライエントを一人の人間として尊重するという態度であり、クライエントが体験しているすべての側面を、彼の一部として温かく受容するという態度である。

以上の三つのセラピストの態度を測定するために、この研究では二種の手法を用いている。一つは、面接の記録のサンプルを第三者が評定するという形式のもので、この研究の中で開発された。もう一つは、G・T・バーレット－レンナードが、クライエントやセラピストがセラピストの態度をどのように感じているかを知るために作成した関係目録である。

一例として、一致性に関する評定尺度と関係目録の一部を、表3に示す。

評定尺度と関係目録の両者を用いて、第三者の評定、クライエントの評定、セラピストの評定の比較が可能になる。ここで現われた興味深い結果は、三者間の評定の差異である。第三者と統合失調症の人びとの、セラピストの態度に関する評定はよく似ていたが、セラピスト自身の評定は、第三者の評定とも、統合失調症の人びとの評定ともまったく異なっていたのである。過去においてはセラピスト自身の評定がもっとも信頼できると考えられていたが、それに対する疑問が生じてきたわけである。

さらに、統合失調症の人びととセラピストの関係目録の得点を比較すると、統合失調症の人びとは、セラピストの態度的条件が少ししか与えられていないと評定しているのに対し、セラピストは、ずっと多くの態度的条件を自分が示していると評定していた。言い換えれば、セラピスト

表3　セラピストの態度的条件の測定用具例

**一致性の評定尺度**（第三者用）

セラピストがクライエントに関して経験していること，実際に伝えていることの間に矛盾がある。セラピストの声の質や非言語的手がかりは，彼が話している内容と矛盾している。　（一致性が低い段階）

セラピストは，クライエントに対する感情を否定していないが，それを正確に伝えることもしていない。彼は，一致でも不一致でもなく，非一致なのである。　（中程度の一致性の段階）

セラピストは，ある瞬間におけるクライエントについての感情を，防衛的になったり，職業的態度になったりせず，開放的に，自由に伝えている。　（一致性が高い投階）

**一致性の関係目録**（クライエント用）

彼は，私に対して，ある役割を演じているだけである。
（一致性が低い段階）

彼は，実際よりも私を好きであるように，よく理解しているように見せようとしている。　（中程度の一致性の段階）

彼は，私たちの関係の中で，ありのままに振るまっている。
（一致性が高い投階）

（出所）Rogers et al., 1967 その他より簡略化したもの。

が、自分が一致していて、正確な共感的理解をしていて、無条件の肯定的関心を示していると感じていても、統合失調症のクライエントの方では、それらをわずかしか認めていないのである。ロジャーズは、パーソナリティ変化の必要にして十分な条件の一つとして、セラピストの共感的理解と無条件の肯定的関心をクライエントに伝達するということが最低限に達成されることをあげているが、統合失調症の人びととの場合には、この条件が満たされていないことになる。

## クライエントのプロセスの測定

ロジャーズは、心理療法のプロセス、パーソナリティの変化が起こるプロセスについての公式化をおこなっている。彼は、プロセスの連続体を仮定した。この連続体は、固く、静的で、未分化、かつ非個人的な水準から、変易性、流動性が高く、豊かで瞬間的な体験過程にあるという水準までに至るものである。

プロセスを測定するためのプロセス・スケールは、七つの下位尺度すなわち、感情と個人的意味づけ、体験過程、不一致、自己の伝達、体験の解釈、問題に対する関係、関係の仕方から成っており、これらを「ストランズ」(より糸)と呼ぶ。固く、静的な水準では独立したものとして観察されるストランズも、高い水準ではすべてが一本の糸に織りこまれるようになるところから、そう呼ばれている。

ロジャーズたちは、四つの下位尺度を用いているが、とくに頻繁に利用されている体験過程尺度の一部を表4に示す。

面接およびサンプリング面接の記録のサンプルを、第三者が評定したところ、治療群の統合失調症の人びとも統制群の統合失調症の人びとも、治療期間を通じ、比較的低い方の、固く、静的で、未分化な体験過程の水準(七段階中の、段階一から段階三まで)にあった。この段階の特徴を

**表4　クライエントのプロセスの測定用具例**

> 彼は，個人的な照合体を全く用いず，ただ，いろいろなでき事についての話をしている。自分に関連した話なのかもしれないが，彼は自分を照合体として用いてない。彼の話は「自分の話」ではない。もし，個人的照合体を用いているとしても，彼は自分について，私的で，触れると痛いことは何も言わず，生活の表面的な側面を述べている。表現の仕方は，無味乾燥で，ぎこちないものである。
>
> （もっとも低い段階）
>
> 彼は，自分を自分の解釈のための照合体として用い，明らかに自分について何かを語っている。この解釈は，話を飾り立てるためにあるのではない。時には，彼は自分を語るのに困難を覚えるが，この困難の表現が，この段階に評定する根拠となる。また，彼は，自分の感情や反応に気づき，それを表現できる。彼は，自分がどのようであるかを伝えるためにそうしている。彼は，自己探索の努力をしているというより，自己理解のために自分の感情を用いているのである。
>
> （中間の段階）
>
> 彼は，いろいろの感情の間を自由に動くことができ，それらをすばやく理解する。彼は，何の困難もなく，自分が語っていることを結びつけ，自分についての明確な像を表現する。彼は，一つの内的照合体から，別な内的照合体へ容易に移行し，自分の体験的照合枠の中にそれらを統合できるのである。
>
> （もっとも高い段階）

（出所）　Rogers et al., 1967 より簡略化したもの。

吟味した結果、彼らは、自分の感情を表現し、その感情を自分のものとするところまでには至っているのだが、着実に自己探索を進めていくプロセスには到達していないと考えられた。

### ●セラピストの態度とクライエントのプロセス

ロジャーズたちが検証しようとした仮説のうち、もっとも重要なのは、治療関係の中に

表5　クライエントの体験過程水準とセラピストの態度

| | | クライエントの体験過程水準 |
|---|---|---|
| クライエントによるセラピストの態度の評定 | 一致性 | .69* |
| | 共感的理解 | .48 |
| | 無条件性 | .23 |
| | 配慮 | .81** |

（注）　$^{*}p<.05$,　$^{**}p<.01$
（出所）　Rogers et al., 1954 に基づく。

セラピストとしてふさわしい態度が存在すればするほど、クライエントのプロセスの変化が多く生じるであろうということである。

この仮説についての結果は、否定的なものであった。セラピストの態度と、治療期間における統合失調症のクライエントの体験過程の変化との関係が、さまざまな方法によって検討されたが、両者の有意な関係を見出すことができなかったのである。たとえセラピストが一致性をはじめとする態度的条件を十分に示していたとしても、統合失調症のクライエントの体験過程が低い水準から高い水準へ変化していくとは言えなかったのである。しかし、彼らの体験過程の水準の変化ではなく、体験過程の水準自体と、セラピストの態度の間には、興味深い関係が見られた。表5は、その一部、治療期間の初期におけるクライエントによるセラピストの態度の評定値と、第三者によるクライエントの体験過程の評定値との順位相関を示したものである。結果を詳しく述べると、クライエントおよび第三者によるセラピストの態度の評定値とクライエントの体験過程の評定値との間には、高い相関が見られたが、セラピスト自身による態度の評定値とクライエントの体験過程の評定値との間には、負の相関かゼロに近い相関が見られた。セラピスト自身による態度の評定の場合以外では、セラピストの態度の評定が高いほど、統合失調症のクライエントの体験過程の水準は高かったのである。

これらの結果から、セラピストの態度がクライエントの体験過程の水準を決めると言うわけにはいかない。むしろ、クライエントのプロセスの水準にセラピストの態度の方が影響されることも十分にありそうで、態度とプロセスの関係は、もっと相互作用的であると考えられる。

## 建設的なパーソナリティ変化

パーソナリティの変化に関しては、『サイコセラピーとパーソナリティの変化』の研究と同様な形で、クライエント中心療法を受けている治療群の統合失調症の人びとの方が統制群の統合失調症の人びとよりも、建設的なパーソナリティ変化を起こすであろうと予想された。

しかし、結果としては、むしろ両群の人びとにともに顕著ではないが建設的な方向で変化が起き、そのため両群の差異は多くは現われなかった。差異が見られたのは、在院状態や心理的な傷つきやすさの程度であった。セラピー終了後一年間の在院状態に関しては、治療群の統合失調症の人びとの方が統制群の人びとよりも、精神病院の外で過す時間が長いことがわかった。また、TATの反応を分析したところ、治療群の統合失調症の人びとは、統制群の統合失調症の人びとに比べ、情緒表現が適切になり、自分の経験を否定する傾向が減少し、一般的に心理的に傷つきにくくなるという変化を生じていた。統制群の統合失調症の人びとにも建設的な変化があったのは、彼らが治療群の人びとと異なっていたのがセラピーの有無ただ一点であり、彼らにも現代的な精神病院のさまざまなケアがあったことを理解しなければならない。

セラピストの態度と統合失調症のクライエントのパーソナリティ変化の関係においては、まず、セラピストから正確な共感的理解を示されている統合失調症の人びとは、MMPIの統合失調症尺度の得点がかなり減少していたのに対し、正確な共感的理解を示されていない人びとは、統合失調症得点がわずかながら増大していた。統制群の統合失調症の人びとは、両者の中間の得点であった。また、全てのパーソナリティ・テストの結果を総合評定した場合に最大の変化をしていたのは、セラピストの一致性が高い統合失調症の人びとであり、その次にくるのが、セラピストの共感性が高い統合失調症の人びとであった。統制群の統合失調症の人びとは、さらにわずかな変化だけを示し、セラピストの一致性や共感的理解が低かった統合失調症の人びとは、変化がないか後退していた。セラピストが成長を促すような態度をとったクライエントは、建設的なパーソナリティ変化を示していたが、セラピストの態度が十分でないと、統合失調症のクライエントの状態が、わずかではあるが悪化してしまうという点は気がかりな結果である。

統合失調症の人びとのプロセスと彼らのパーソナリティ変化の関係では、MMPIの統合失調症尺度の得点と在院状態が望ましいほど、体験過程の水準が高くなっていた。また、多くのパーソナリティ・テストの結果から、統合失調症の人びとを前進した人びととそうでない人びとに分けてプロセス水準の変化を見たところ、前進した人びとは、治療期間中にプロセス水準が上昇していたのであるが、前進しなかった人びとは、プロセス水準が少し下降していた。さらに、前進した人びとは、そうでない人びとよりも、治療期間の最初から高い体験過程の水準にあった。ここから、セラピー初期におけるクライエントの体験過程の水準から、セラピー後に建設的なパーソナリティ変化が起こるかどうかを予測できるのではないかという示唆が得られている。

### 研究の意義と統合失調症の人びととのセラピーへの示唆

この研究は、『サイコセラピーとパーソナリティの変化』の研究以上に、クライエント中心療法の微妙な諸概念を操作的に定義し、測定手法を発展させることに成功している。しかし、この研究がもたらした知見は、きわめて複雑である。セラピストの態度、統合失調症のクライエントのプロセス、そして多くのパーソナリティ変数という三者の間に、クライエント中心療法の理論から予想された結果が多く現れたのではあるが、統合失調症の人びとの心理療法について楽天的になれるほどの確かな結果はもたらされなかった。もっとも厳しい結果は、セラピストの態度がクライエントのプロセスを決めるとは言えなかったことである。ロジャーズたちは、好ましい治療関係は、正確な共感的理解ができ一致しているセラピストと、体験過程からあまり離れていないクライエントとの間に発展してくるのではないかという相互作用的な見方をしている。

ところで、ロジャーズたちが統合失調症の人びととのセラピーに取り組むにあたって、以前とまったく別の理論体系を築く必要がなかったことは、付記しておくべきであろう。統合失調症者であるからといって、クライエント中心療法を捨ててしまう必要はなかったのである。ただ、同じ理論の中にあっても、統合失調症の人びとのクライエント中心療法の実際場面において強調されるようになってきた観点がある。まず、統合失調症の人びとの反応の特徴をあげ、強調されてきた観点からのクライエント中心療法について述べよう。

たいていの統合失調症の人びとが示す反応がいくつかある。

①セラピーに入ろうとする意欲がないこと――彼らのほとんどは、セラピーを望んでおらず、しばしばセラピストに会うことさえ拒んだのである。

②沈黙――文字どおりの沈黙もあるし、逆にしゃべり続けるのではあるが、自分自身について何も語らないという沈黙もある。

③自己探究をしようとしないこと――彼らの話は表面的な事柄に向けられていて、自分を探究するという意味あいがない。

④強い非言語的な相互作用が起こること――言葉によらないコミュニケーションが起こり、それをお互いがはっきりと感じるのである。

ロジャーズたちが援助経験を積み重ねてきていた神経症のクライエントは、苦悩しながらも自己探究をすすめていくようになるのであるが、統合失調症のクライエントにはそれは当てはまらない。彼らは、自己探究をしないし、自分について語っているように見えてもそれは表面的なことであり、自分の感情を所有することを拒むのである。たとえセラピストが共感しようとしても、それはひどくむずかしく、彼は当惑してしまう。

こうした状態から脱け出そうとするなら、セラピストは、自分自身が感じている体験過程を自分の反応の源泉として使わなければならなくなる。そこにあるのは、技術にはあまり関わりのない、自然で自発的なセラピストの態度である。我慢したり、ばかばかしいと思ったりせず、自分自身の手の内を見せてしまうような純粋な態度を表現できることが有効なのである。実際、セラピストが伝えた言葉は、たとえば、「今朝はこの沈黙に私はまったく満足しております。時どきわれわれが何も話していないとき、私はじれったくなり、何が行われているのか知りたいと思うのですが、今朝は、静かに、あなたといっしょにいるだけでよいのです」である。このような言葉は、要求を出すことによってクライエントを脅かすのではなく、彼を治療関係の中に招き入れ、セラピストがクライエントが感じているものに対し敏感な人間であるということを伝えることになる。

このような変化を、クライエント中心療法の概念で述べるなら、セラピストの体験過程が重視されてきているという変化であり、また、セラピストの態度としては、正確な共感的理解や無条件の肯定的関心よりも、セラピストが自己自身であるという一致性をもっとも根本的な態度であると見なす変化であると言えよう。

## 4 将来の研究

第2節と第3節で取り上げた二つの組織的な研究は、クライエント中心療法の理論に実証的裏づけを与えるためにおこなわれた。両研究、とくに統合失調症者の研究は、単純に肯定的結果をもたらしてくれたわけではない。しかし、否定的な結果を含めて、研究の中で発見された知見が、後の研究を促し、理論や実際のセラピーに示唆を与えたことの意義は大きい。

ロジャーズ自身は、その後とくに組織的な研究に携わっていないが、彼の仲間や他の多くの人びとによって、心理療法の研究は続けられてきている。不思議なことにロジャーズと同様な実存主義学派とも言うべき人びとが、心理療法の研究にもっとも反発してきたのであるが、心理療法は研究できるし研究すべきであるという考えは、この分野に根づいたように見える。毎年、クライエント中心療法の立場からばかりでなく、他のさまざまな立場から、数多くの心理療法の研究が生まれてきている。

将来の研究が果たす役割について、ロジャーズは、一つの希望を抱いている。研究が続けられていくことによって、心理療法の諸学派の対立が消滅するだろうということである。彼は、諸学派の対立が必ずしも本質的なところで起こっているとは考えておらず、むしろ、共通の基盤のないところでおこなわれている空しい争いであるととらえているようである。しかしながら、もし研究が共通の基盤を与えてくれるとしたら、独断的で純粋に理論的な見解は消滅していくだろうと予想される。これが、将来の研究に対するロジャーズの希望である。

●佐々木正宏

《文献》

Eysenck, H. J., 1952, The Effects of Psychotherapy: An Evaluation, *Journal of Consulting Psychology*, 16, 319–24.

Rogers, C. R., 1957, The Necessary and Sufficient Conditions of Therapeutic Personality Change, *J. Consult. Psychol.*, 21, 95–103.（伊東博編訳『サイコセラピーの過程』ロージァズ全集第4巻所収、岩崎学術出版社、一九六六年）

――――, 1958, A Process Conception of Psychotherapy, *American Psychologist*, 13, 142–49.（伊東博編訳『サイコセラピーの過程』ロージァズ全集第4巻所収、岩崎学術出版社、一九六六年）

――――, 1959, A Theory of Therapy, Personality and Interpersonal Relationships as Developed in the Client-centered Framework, S. Koch ed., *Psychology: A Study of Science*, McGraw-Hill.（伊東博編訳『パーソナリテイ理論』ロージァズ全集第8巻所収、岩崎学術出版社、一九六七年）

―――― et al., 1954, *Psychotherapy and Personality Change*, University of Chicago Press.（友田不二男編訳『パースナリティの変化』ロージァズ全集第13巻、岩崎学術出版社、一九六七年、一部は第10巻所収）

—— et al., 1967, *The Therapeutic Relationship and Its Impact: A Study of Psychotherapy with Schizophrenics*, University of Wisconsin Press.（友田不二男編『サイコセラピーの研究』、古屋健治編『サイコセラピーの成果』、伊東博編訳『サイコセラピーの実践』、ロージァズ全集第19、20、21巻、岩崎学術出版社、一九七二年）

# 第6章　エンカウンター・グループとPCA

## ——静かなる革命——

## 1　エンカウンター・グループとは

### エンカウンター・グループの動向と本章の目的

エンカウンター・グループとは、参加者の対人関係と個人のより豊かな成長に焦点を当てたグループである。エンカウンターということばは、信頼と理解に高い価値をおく雰囲気の中で、人々が深く、つまり、より全体的な人として、出会うことを意味する。ロジャーズ（Rogers, 1970a）は、エンカウンター・グループは、個人が変化を選択するのを援助する点にもっとも重要な意味をもつとして、疎外、人種間緊張、国際摩擦、価値・人間のイメージなどの深刻な問題の変化に関わる、非常に意義深い運動であるとも述べている（以上、Tudor and Merry, 2002 の定義を一部改変・要約）。ロジャーズはとくに一九六四年以降は集中的グループ体験を中心にしており、「グループの力を信頼して促進されるエンカウンター・グループは、人格変化への、行動変化への、社会問題解決の基本としての、力強い体験であり続けるでしょう」と述べている（Rogers and Russell, 2002）。

エンカウンター・グループは、一種の社会運動と言えるほどにおこなわれ、また、対人援助職や教育者の養成や研修のためにも、現在よりも広く実施されていた。ロジャーズは、もし職業生活の早い時期からクライエントに対する受容的・共感的応答（行動）を学習したとしても、人間存在の本質と治療過程に対する心底統合された確信に発するものでなければ、変化を起こす力がないと見ていた（Thorne, 1992）。エンカウンター・グループは、そのような確信を体験する場でもある。近年は以前ほどには心理臨床家の養成・訓練にエンカウンター・グループが活用されていない（イギリスでは多少事情が異なる）。しかし、D・メアーンズ（Mearns, 1994）も述べるように、カウンセラーの教育・研修において、自己一致（congruence）が身につき、自分自身の内面でのプロセスを信頼するために、非構成的な大グループ（コミュニティ・ミーティング）が有効であると考えられる。

ロジャーズ（Rogers, 1970a）は、「今やアメリカでは、いかなる集中的グループ体験も得られないような中・大都市を見出すのは困難であろう」と述べ、大衆の自発的要求が強く広がっている背景として、文化の非人間化が進んだことと、親密で真実な関係への飢餓を挙げた。エンカウンター・グループ発祥の地カリフォルニア州ラホイアで、一九六七年以降、ロジャーズをコンサルタントとして人間研究センター（Center for Studies of the Person）が、パーソン・センタードなグループのリーダーシップのためのラホイア・プログラム（La Jolla Program）を実施し、日本を含む世界中から多くの参加者があった（日本からの参加者の追跡研究は、畠瀬、一九八四、参照）。

また、ロジャーズのエンカウンター・グループは記録映画になっており（Rogers, 1968, 1970c, 1972）、高く評価されている。一九六八年にはエンカウンター・グループの記録映画でアカデミー賞、七〇年には麻薬に関わった人たちのエンカウンター・グループの記録映画で放送界のピュリッツアー賞と言われるピーボディ賞を受賞した。

さてその後、とくに一九八〇年代以降、クライエント中心療法の影響力は、イギリスを別にすれば（ＰＣＡ〔Person-Centred Approach〕の本質を問う諸派の議論は、Sanders, 2004、参照）、アメリカでも日本でも弱まっており、クライエント中心療法は、基本的な人間観と基本的スタンス、また基本的な技能というような心理療法一般の基盤である（にすぎない）という見方もある。そのような現状を踏まえ、本章では、エンカウンター・グループの実際と意義を概観すると同時に、ロジャーズから投げかけられた大きな問いとして、社会的葛藤に対する働きかけについて取り上げる。

## エンカウンター・グループの風土——基本的理念

エンカウンター・グループは、メンバーの潜在力と、グループ全体の潜在力とを発揮させる風土をもっている。そこには、正直なフィードバックと率直な対決や、個人的な感性の共有などの深い親密性がある。そしてそれが人の成長を助け、社会の中で行動する力を与える。人はコミュニティ形成の努力の最中に、個人的な自己を見失うこともあるが、これが、もっと深いしっかりした自己感覚を与えてくれることがわかってきたのである。

エンカウンター・グループを支える中心的仮説は、クライエント中心療法の次の中心的仮説と同様である。「個人は自分自身の中に、自己理解に向かい、そして、自己概念と基本的な態度を変容し、自主的行動を発展させていくような、果てしない資源をもっている。もし、ある促進的な心理的態度をもつ風土が備わりさえすれば、これらの資源は開発されていくであろう」（Rogers, 1970a）。「ある促進的な心理的態度」とは、ジェニュインネス（genuinness）、無条件の肯定的配慮、共感的理解の三条件である。

では、この中心的仮説が出てくる基盤となる、ロジャーズの基本的理念・人間観・世界観とはどのようなものだろうか。それは、有機体の特徴である「実現傾向」と、宇宙全体における「形成傾向」という、相互に関連する二つの傾向である。

**(1) 実現傾向**　ロジャーズは、人間存在を、そして全ての有機体を、基本的に信頼している。彼は暗いへやの中でわずかな光に向かって伸びるじゃがいもの芽の例を好んで挙げる。全ての有機体には、その生来の可能性を建設的な方向に成就しようとする基本的傾向があり、人間にも、複雑で完全な発達へ向かう自然な傾向があると考えた。

**(2) 形成傾向（指向傾向ともいう）**　宇宙のあるゆるレベル（微生物、人間、結晶、星の宇宙など）において、よりいっそうの秩序、相互関連へと向かう傾向がみられる。人間では、全体性、統合、統一された人生の方向へ動いていく傾向としてあらわれる。グループについてみても、それ自体が一つの有機体のようであり、それ自身が、より健康な方向へと向かう「有機体の知恵」があるとロジャーズは考えている（Rogers, 1970a）。

このような基本的理念をもつファシリテーターは、グループやそのプロセスを信頼し、メンバー一人ひとりが独自の目標を展開することを願う。そして、グループの中でファシリテーターは、メンバーとグループ全体のもつ実現傾向と形成傾向ができる限り活かされるような、自由な風土を醸し出す働きをする。それは、前述の促進的な心理的態度によって実現される。

## エンカウンター・グループの過程

さて、そのような基本理念に基づく自由な風土のエンカウンター・グループでは、どのようなことが起こるのだろうか。ロジャーズは、グループが進行していく過程に共通した現象のパターンを、以下のように見出している（Rogers, 1970a）。⑴〜⒁の番号がついているが、この順番に起こる段階という意味ではない。多くのことが同時に重複して起こる。

⑴　**模索**　ファシリテーターが呼びかける。「ここには、普通には考えられないような自由があります。みんなでこのグループを、みんなが本当に望むようなものにしていきましょう」と。すると、しばらくの間、当惑に満ちた沈黙が場を覆ったり、いわゆる社交的な会話がおこなわれたりすることが多い。しかし、次第に、「ここには自分達で作る以外には何のルールもないようだ。私達は目的がよくわからない。お互い同士知り合ってもいない。しかも、かなり長時間をこれから一緒に過ごそうとしているのだ」という現実に直面してくる。そこで、このグループの目的は何か、自分は何を求めてここに来ているのか、といった基本的な事が熱心に討論されることもある。

(2)　**個人的表現または探求に対する抵抗**　(1)の段階が進むと、かなり個人的な態度、私的な自己を表明する人も出てくる。このことは、皆の前で自分を表明することを恐れている他のメンバーのアンビバレントな対応をひき起こしやすい。

(3)　**過去感情の述懐**　グループに対する信頼感がまだ淡いときに自分をさらけ出すことが怖いことであるにもかかわらず、感情の表明が話し合いの大きな部分を占めるようになる。しかし、その際表現される感情は、「あの時、あそこで」起こったものであり、時間的にも空間的にもグループの外のものとして語られる。

(4)　**否定的感情の表明**　「今、ここ」で起こっていて、実際に動いている個人的感情が、率直に表明されるようになる。その最初のものは、ファシリテーターや他のメンバーに対する攻撃、批判、怒りなどの否定的態度である場合が多い。否定的感情の方が、最初に表明される「今、ここ」での感情として安全であると考えられる。そして否定的感情が表明されても、受け容れられるか、破局に陥ることなしにグループに吸収される経験をもち、自由があることを認識すると、信頼が育ち始める。

(5)　**個人的に意味のある事柄の表明と探求**　信頼が育ち、メンバーが、これは自分のグループだ、自分の望むグループにしていけそうだし、していきたい、と感じ始める。そのような空気の中で、あるメンバーが、意味深い形で自分の内面をグループに語る。ここでは、たとえ過去に起こったことを話すとしても、それを済んだこととして話すのではなく、今ここで感じながら話す。

「自己の中心に向かう旅」ともいえる苦しく困難な探求のプロセスが始まったのである。

(6) **グループ内におけるその場で生じた対人感情の表明**　これは、信頼し合う空気が十分育ってから、表明され始める。たとえば次のようなものである。「あなたが黙ってると、なんだか脅かされる感じです」。「あなたを見ていると母を思い出します。母とはうまくいってなかったのですが」。「あなたの温かさと笑顔が好きです」。

(7) **グループ内の治癒力の発展**　悩み、苦痛を感じながら語っている人に対して、多くのメンバーが、なんとかそれを解決したり軽くしたりしたいというやむにやまれぬ気持から、いかにもその人らしい仕方で関わるようになる。

(8) **自己受容と変化の芽ばえ**　自分の内面をグループに語った時の体験を通じて、自分自身を受け容れ、自分自身であることができるようになる。それは、自分の感情を偽ることなくそのままに感じることでもあるので、自分がどうありたいか、どうあることが一番自分に沿っているかが実感され、変化に対して自由になる。自己受容は変化の始まりなのである。

(9) **仮面の剝奪**　幾人かのメンバーがおこなった自己表明とそれにともなうグループの動きから、深い出会いが可能だということがはっきりしてきて、グループはこの目的に向かって、直観的、無意識的に進み始める。そして、グループは、個人が自分自身であること、感情を表明すること、日常の社交的な仮面を脱ぐことを要求し始める。それは、非常に激しい場合がある一方、相手に対する共感に満ちた穏やかなものでありうる。

⑽　フィードバック　自由なやりとりの中で、自分が他人にどう映っているかを知る手掛りを数多く得る。たとえば、大変気さくなある男性は、自分の大げさな親しみの表現が不快に思われていることがわかる。また、他人を援助しようとしすぎる女性は、自分が母親的役割をもって接することを望んでいない人びとがいることを知る。自分は人と親密な関係になるのをこわがっているのだ、と気づかされる人もいる。こういうことに気づくのは非常に動揺を引き起こしやすい体験ではあるが、相手が心から自分のことを思って言ってくれていると感じられるので、それが建設的に作用する。

⑾　対決　フィードバックという言葉では穏やかすぎるような、ぶつかっていると言った方がふさわしい、人と人との対決が起こる場合もある。

⑿　グループ・セッション（おもに話し合いの時間）外での援助的関係の出現　動揺している人と一緒に散歩して話をするなど、メンバーがいろいろな形でお互いを援助し合う。グループの経験は、各人が、自分の理解、支持、経験、思いやりを、いろいろな場面で発揮できるようにするのである。

⒀　基本的出会い　以上述べてきたことに一貫しているのは、日常生活で経験するよりもはるかに密接で直接的な関係を人びとが結ぶということである。これがグループ経験の中核であり、強力な変化を引き起こす理由の一つだと思われる。ロジャーズは一つの例を示している。子どもを亡くしてからずっと、自分の気持を圧し殺して暮らしてきたある男性が、子どもを亡くした悲

しみを、グループで涙ながらに語った。彼はその時、はじめて、その深い悲しみを十分にそのままに体験したのだった。一人の人が同じく涙を浮かべて、「私は初めて、人の苦しみが体を伝わってくるような痛みを覚えました。私は今、あなたとまったく同じ気持です」と言った。これが基本的出会いの例である。

⒁ **肯定的感情と親密さの表明**　人が互いに感情を表現し、受容されると、非常に深い親密さと肯定的感情をもち合うようになる。セッションの回を重ねるごとに、温かさ、グループ意識、信頼といった感情が形成されてくる。

エンカウンター・グループの過程については、研究から示されるプロセスが同じくロジャーズ（Rogers, 1970a）に記され、また、その後研究されており、日本の研究については村山（二〇〇五）などが紹介して論じている。

## 2　パーソン・センタードなグループ
### ——パーソン・センタード・ワークショップ、コミュニティ・グループ——

ＰＣＡの基礎となっている基本理念・中心的仮説自体は前節で述べたものと同じである。ロジャーズは、クライエント中心療法や学習者中心授業などの仕事を通じて、この基本的理念を、一つの種子を育てるように徐々に形成して検証してくるうちに、「パーソン・センタード」という広範囲な用語こそ、もっとも適したものであると考えるようになったのである。ロジャーズは、自分の中に脈々とある基本的人間観・世界観を、ますます広い範囲であとづけ、確信を一層強めて、深く根づいたものにした。すなわち、個人への信頼から、もっと大きな有機体としての人間の集まり・コミュニティに対する信頼が、深まっていった。

もともとロジャーズの志向は、密室の中での個人の成長といったところにとどまってはいない。しかしながら、エンカウンター・グループを盛んに始めた頃には、個人の変容・成長の契機としてのグループ、また、孤独を癒すグループという視点が強かったように思える。そのうちに、エンカウンター・グループ体験が、個人の自己理解や行動や人間関係に変化を引き起こすばかりでなく、それを通じてその属する組織の方針や構造などにも変化の契機を提供することができるということが、徐々に明らかになってきた。彼が、ＰＣＡの社会的影響の局面をふまえて「政治」という用語をあえて使うようになったのには、自分のこれまでの仕事や現在の活動を、人間が尊重されるコミュニティの新しい在り方の模索、社会的実験としての意味から、とらえ直すようになったという背景があるのである。本書はロジャーズについての解説が目的で日本での展開にふれる紙幅はないが、村山（二〇〇〇）は、エンカウンター・グループ体験を通じて生まれた地域に根づいたネットワークについて述べている。

ロジャーズは、はじめは、前節に述べたような小規模の集中的グループを実施したが、次第に一〇〇人以上の、ついには八〇〇人にも及ぶ大グループを企画したこともある。本節では、大規模なグループでコミュニティ感覚が形成されていく過程の概略を示そう。

### パーソン・センタード・ワークショップ

ロジャーズは、数々のワークショップ（教育者対象のものや、グループのファシリテーターの訓練など）を、地理的にも広範囲で（メキシコ、ヴェネズエラなどでも）おこなっているが、ここでは、パーソン・センタード・ワークショップと呼ばれているシリーズを中心に扱いたい（Rogers, 1980）。

一六日間の集中的な夏期パーソン・センタード・ワークショップが、一九七四年に始められ、一九八〇年までには、アメリカ国内で六回とイギリスで一回計七回おこなわれた。各回の参加者は、六五人から一三六人で、毎回ほぼ同じスタッフだった。

では、一例として、一九七五年のワークショップについて、少し詳細に見てみよう。

これは、「パーソン・センタード・アプローチ――個人の成長過程とその社会的意義」と銘打たれた。案内書には次のようなことが書かれている。「ワークショップの目的は、人間関係・人間成長に迫ろうとするもので、学習や行動の起動力は個人に内在するものであり、熟練者や教育システムによってなされるものではないとの基本認識に基づいています。ワークショップは、個人の価値と尊厳並びに内発的に動機づけられた個人の能力を重視する人びとに、一つのコミュニティを形成する機会を提供します。……」と。

ここでは、参加者が自分たちで作り上げるのだということ以外には、全く何の条件もなく、実に自由だった。まず型破りなのは、参加費の決定方法である。経済的余裕のある人にだけ参加の機会が開かれている現状を打破する方向で、事が進められた。いちおうの目安は示されたが、参加費の決定は応募者各人に任せられた。応募者は、信頼され責任ある行動をとる人とみなされたわけである。こうして、ワークショップの会期以前に、「参加者こそがプログラムの主体者である」という感覚が生じてきた。その他の参加手続き上の細かい点（たとえば、部屋割、参加者の顔写真や名簿の掲示など）でも、平等、責任、自発的行動、自己決定の尊重などのＰＣＡの雰囲気を参加者に感じとってもらいたいという願いが、きめ細かく具体化されていた。

さて、ここで、時間をさかのぼって、スタッフの側の動きを見てみよう。まず、ロジャーズを含む三人が、一〇〇人前後の大ワークショップを発案し、一緒にやってみたい人に呼びかけて、一〇人のスタッフグループが誕生した。案内パンフレットの草案なども、手紙のやりとりを通じた協同作業としておこなわれ、全員が「私はワークショップに対して責任がある」と感じるまでになった。それから、開催の前四日間をスタッフが共に過ごし、互いに出会い、また、具体的計画を作成した。その中で、「私達は、自分達の問題・痛み・能力・創造性を持った一個人でありたい。それでこそ、グループとのかかわりにおいても自分自身でありうるだろう」という共通理解ができてきた。そして、参加者がその人自身の在り方をし、責任感のある態度をとれるようなワークショップの雰囲気を作るにはどうしたらよいかを徹底的に考えた。つまり、スタッフたちのやり方を持ち込むのではなく、参加者のやり方がよく生かされるようなスケジュールの内容とその提示方法について、とりわけ開始当初の過ごし方について、細心の計画を練ったのである。

さて、いよいよワークショップの開始である。このワークショップのプロセスについて概観しながら、ＰＣＡの大グループに特徴的な二、三の局面をまとめてみよう。

初日にまずおこなわれたコミュニティ・ミーティング（全体会）は、二人の若いスタッフの率直な態度で口火を切られた。メンバーたちも自発的に気持を表明し、スタッフから出された当面の三、四日間のスケジュールが受け入れられて、会合が気持よく進行した。スタッフのリーダー的役割は比較的小さく、指示的役割は皆無で、ワークショップが動きだしたのである。二日目は、小グループ（スタッフ一人とメンバー十数人ずつのグループ）がおこなわれ、三日目に、第二回コミュニティ・ミーティングが開かれた。はじめは、「責任者は一体誰なのだろうか？」という困惑と緊張があった。そのうち、一人のメンバーが、皆がその場で感じていることをききたいと呼びかけた。その人も含めて、小グループでの体験が次々に話された。それにつれて、多くの人が個人的体験や関心を話し合った。その後、スケジュールの問題へと話題が移っていった。スタッフがリードするのではないということが明確になった今、自然に、それぞれの人の活動力、調整力が発揮され始めた。このミーティングの中から、やりたいテーマのある人びとが動き出して、関心別グループが生まれた。中でもとくに真剣に継続的に取り組まれたのは、夫婦関係グループ、パワー（支配力）グループ、治療グループ（心理的治癒の問題）、女性グループ、男性グループ、教育現場の革新を考えるグループ、等々である。また、数名の申し出によって、スケジュール調整のためのプログラム委員会が、十分には検討されないままにではあるが、発足した。そして、また小グループをはさんでの、翌々日の第三回コミュニティ・ミーティングに、委員会はプログラム案を提出した。それは、予想以上に柔軟性のある完璧とも言えるすばらしい計画であった。皆、これに感嘆し、満足し、採用することになった。さて、ここまでは事の経過を予想するのはさほど困難ではないだろう。ところが、一致点を見出して皆が喜んでいる気運のところへ、スケジュールを受け入れることに対する異議が出された。その主旨は、「スケジュールに縛られることに疑問がある。内的感情と内的直観に従った新しい生き方をしたい。私達がそれぞれの選択に従って、ともに歩めるか見つめてみよう」ということである。

驚くべきことに、皆がこの意見に耳を傾け、そういう在り方に取り組み始めた。内的直観に従いながらともに歩もうという一致点に達したのである。そして、今後の計画を全く立てないままにミーティングが終わった。一三六人もの大グループの動きを直観にゆだねていくというのは脅威的な経験である。ワークショップが続いていくだろうかという不安にさいなまれる苦痛の体験である。しかし、結局、「もう少しミーティングを続けるべきだ」という直観に従って、三々五々と皆が再結集してきて、またミーティングがおこなわれた。そして、このミーティング後、ワークショップは、直観に従いつつも、計画立案を助けるものとして知性を役立てて、生産的に動いていった。参加者は、各自の直観を生かしたやり方で、皆が、満足できる展開が生じるまでともに苦闘する道を選んだ。必ずしもまとまらなかったが、それこそが皆の要求に合っていたのだ。個人的生活の中で内的直観に耳を傾けるだけでなく、コミュニティの中でもそれを重視してやっていくというのは、想像以上に複雑な曲折があると思われる一方、実に魅力的なことであろう。

このような時、ものごとの決定にいたるプロセスは、どうであろうか。どの人も価値があり、どの人の考えや感情や希望も考慮される権利があると皆が考えている風土の中では、一人ひとりが自発的である。そして一人ひとりの希望が尊重される過程を通じて、一つの決定、結論に到達する。この際、知性的考慮だけが幅をきかすのではない。直観も活かされるのである。どんなにかすかな声も、とらえがたい感情も、尊重される。この過程で働くものを、ロジャーズは、「グループの知恵」と呼んでいる。

ここまでのプロセスの中で明らかなのは、次のようないくつかの局面である。

まず、価値選択や評価の基礎が、権威（スタッフなど）から個人へと移った。一三六人が、グループに対する責任を引き受けたわけである。参加者自身の内的・個人的価値基準がいきてくるのである。つまり、自分が満足し、意味があると感じた行動や在り方を大切にしながら、自分自身の選択をするようになった。

同時に、それぞれの人の多様性が、多様なままに存在し、その中で、自分の独自性が体験される。また、多様性の調和の中で、自分自身の目標へと向かうこと、自分であることの価値と自由が感じられる。他の人と一緒にいろいろな活動を計画し実行する中で、自分の力に気づき、自分自身の人生の自律的・創造的設計者になれる。このように、あらゆる決定の権限を個人にゆだねるところからも、このアプローチをＰＣＡと呼ぶのである。

しかし、こううまくものごとが進行するものだろうかといった感じを抱かれないだろうか？ ロジャーズ自身、たとえば、プリンストンでのワークショップ（参加者九〇名）は非常に困難であったと述べている。ワークショップ自体の成果に大きな影響を与えるのは、構造がないことからくる混乱、ないし混沌である。これは、ＰＣＡの大グループにおいて、むしろ必然的でさえあり、グループ開始直後にくるのが自然の経過ではないかと想像するが、その例は後で述べよう。

先程から紹介してきた一九七五年のワークショップにおいては、混乱の局面は、中盤ででてきている。第九日目のことである。掲示板に「今夜七時半＝コミュニティ・ミーティング」と、緊急招集という感じで、書かれていた。誰が書いたのかはわからなかった。実は、アリーとアンジェリーナという二人が、自分たちの参加している小グループの紛糾をなんとかしたいと考えて提案したのだった。この提案は、皆からの反発、批判、怒り、攻撃を受け、とうとう同じグループの他のメンバーが、この成り行きに対して責任をとりたいと言い出すような事態にまでなった。激論が続き、発言の機会を求めてつばぜりあいが続き、また、不満がたまって金切り声をあげる者も出てきた。参加者の一致できることは皆無だった。ワークショップのやり方に懐疑的だった人は、リーダーなしにコミュニティを形成することなどは不可能だと非難をしはじめた。そのうちアンジェリーナが泣き始め、異常に興奮して震えはじめた。「何が起こっているのかわからない。みんながこわい」と言う。それからの三〇分間は、皆が彼女ひとりに関心を寄せ、動揺をやわらげようとした。彼女の気持は次第に静まった。結果として、彼女は、コミュニティ全体の注目の中で耳を傾けてもらうことのできたはじめての人になった。ミーティングのはじめの頃に彼女の発言に耳を貸さなかったことや、お互いに耳を傾け合っていないことが指摘され、また近いうちにコミュニティ・ミーティングを開こうということが決まった。散会するのが惜しいような雰囲気であった。

そして一一日目。PCAが、貧困に悩む地域にとっても意味をもっているかという、切実な問いかけで、コミュニティ・ミーティングが始まった。その後の経過では、反発、苦々しさ、苦痛、怒り、欲求不満、誇り、喜び、悲しみなどが渦巻いた。しかし、次第に、皆が互いに、相手の激しい絶望や緊迫感に耳を傾けるようになった。最後には、誰に対しても誰か傾聴する人がいた。全体の空気が変わってきた。それまでバラバラに点在していた一三六人が一つの集合体になってきた。グループ全体の内部でうごめいているものが統合的に作用して、そう動いたのである。ワークショップという一つの有機体が課題を遂行し、言葉にあやつられることなく動きはじめた。すなわち、一つのコミュニティになったのである。他者の尊重と協同が基調となるコミュニティ感覚が生じたのである。この時、ロジャーズは、誇りを感じたという。他者を思いやる力のある集合体の一員としての誇りである。何が生じようとも、それを処理するだけの力を全体がもっていると感じたのである。多分他の参加者も感じたことであろう。この「グループの知恵」への信頼こそ、コミュニティ感覚の基盤に他ならない。その後、ますますグループは深まり、メンバー間の温かさと結びつきは著しかった。

そして、ワークショップ終了後の多くの参加者からの手紙などから、次のことがうかがわれた。それは、ワークショップは、限られた時間の中で、自分たちが成長できるようなコミュニティを作り上げることができたという体験であった、ということである。そして、ここで一つの動きが始まり、発酵菌か触媒のように、結婚生活、家族関係、教育現場、産業界、精神衛生センター、政治活動などさまざまな場に深い影響を与えている。ワークショップは、実に刺激的な成長体験なのである。

以上は、ある年のパーソン・センタード・ワークショップを、とくにコミュニティ・ミーティングの部分を取り上げて、その過程に沿ってみてきた。次に、ある大規模グループ・ワークショップの実際を概観してみよう。

### 大規模グループ・ワークショップ

ここでは、もっとも危険な冒険であったし、そこから多くのことを学んだとロジャーズ自身が述べているブラジルでのワークショップを取り上げよう。

ロジャーズをはじめとする人間研究センターの五人の所員は、一九七七年冬、ファシリテーターの訓練のために呼ばれて、ブラジルへ飛んだ。ブラジル行きのもう一つの目的は、リオデジャネイロなどの三都市の各々で、六〇〇〜八〇〇人の聴衆を相手におこなう、二日間の研修会であった。これは、午後と晩のセッションを二日間、計四セッションで約一二時間を、ともに過ごすものだった。参加者は、専門家（教育者、カウンセラー、心理学者、精神科医）や、学生、主婦などで、四分の三は女性であった。このような大規模で短期間の会合では、講演という形をとらざるをえないと、彼らスタッフは考えていた。しかし、日が近づくにつれ、彼らの考えが変わってきた。というよりも、いわば、当然の帰結に達した。つまり、参加者と協同でセッションを進めることをせず、また、参加者が自分を表現して自分自身の力を体験する機会を与えずに、ＰＣＡについて話すということは、ＰＣＡの原則に矛盾すると、強く感じるようになってきたのである。というわけで、極端な冒険——巨大なエンカウンター・グループ——がおこなわれることとなった。

このワークショップでは、ドキュメンタリー映画の上映とそれに対するコメントや、エンカウンター・グループのデモンストレーション、いくつかの関心別グループ、そして、スタッフと参加者との対話もおこなわれた。しかし、大部分の時間は、協議事項なしで、全体で過ごした。参加者とスタッフが一〇〜一二重の輪になって、文字どおり平等に参加したのである。

この大規模グループの過程は次のようであった。

まずはじめは、次のような混沌とし、混乱した、手探りの、非常に情動的なプロセスが始まった。リーダーシップや構造、スケジュール、秩序を要請する声がある。知識、助言、解答などの持ち帰れるものを求める人も多い。そして期待が満たされないことからくる欲求不満、怒り、失望が体験され、表現されてくる。また、皆、他の人の話に注意を向けない。不安なために、何でもいいから何かしようとしたり、手早い解決を望む人もいる。同様に、どうなるかわからない流動的なプロセスに関係していることに興奮を感じている人もいる。次第に、ここで何が起こっているのかわかろうとする動きが出てくる。意味のある体験を共有しているのかもしれない、また、状況の解決は、各人が自発的に機能することを通じてあらわれてくるグループの力に拠っているのだ、というような認識も生まれてくる。

中盤になると、自分自身とグループについての感情や、個人的問題や関心が表現されはじめた。お互いに傾聴するようになってくる。その時、人が話しているのは、非常に個人的な事柄なのだが、それをききながら、自分自身の問題が話されているように思えて、慰めと救いを感じる人も多い。この共通の感情や体験があるという認識は、コミュニティ感覚の基礎になっている。

終盤では、グループ全体が一人の人に完全に注意を集中することができるようになった。共にいるという感覚がある。懐疑的であったり反対する人もいるが、大多数の人びとは互いの理解を通じて一つの協働的なコミュニティになっていく。人びとは自分自身の中に価値の源泉を発見し、強さを体験する。心動かされなかった人や反感をもった人もかなりの数いたとはいえ、人数の多さと期間の短さを考慮に入れれば、この体験のインパクトには、目ざましいものがあった。

## スタッフの在り方

スタッフのどのような在り方が、以上二つの項で述べてきたプロセスを可能にしたのだろうか。プロセスの概略の中にすでに表れていることではあるが、改めてまとめてみよう。

大グループを始めた当初は、スタッフの機能を、伝統的な仕方でとらえていた。つまり、計画や素材についてのできるだけ大きい選択可能性を、参加者たちに与えたいと考え、自分たちスタッフを、いろいろな関心と技術を提供できる専門家とみなしていた。そして、スタッフたちは、自分たちの間の対人的な軋轢や相違を、参加者の目にはさらしたくないと考え、それを分析するのに時間を費やしたりした。

しかし、次第に、スタッフたちは、自らが自分自身でいることこそ大切なのだと信じるようになった。これは、エンカウンター・グループ時代にも言われていたことである。目新しいのは、スタッフ・グループのプロセスに価値をおいて、それがグループ全体に役立つことを欲する点である。前にも述べたように、グループ開始前の数日間一緒に過ごすことによって、次のようになことが起こった。

第一に、スタッフ・グループの集合的知恵への信頼を体験し、コミュニティ全体の知恵への信頼がますます確固たるものになった。

第二に、スタッフたちは、自分たちの相違を受容した。もっともパーソン・センタードな仕方で、スタッフ同士の関係を生きていることで、互いに完全に自由であって、ひいてはグループ全体に対して自由になった。そのように自分自身であることによって、自分の人生の新しい未知の領域を探究する用意ができ、全く予期しなかったグループの展開に対してもオープンになっていた。だからこそ、スタッフは、何が起こっても、考えと感情と勘と価値観をもった全体的存在として能動的に反応することができて、自分自身や自分の潜在力や技術を、皆と共有することができたのである。

この第二の点は、言葉のうえからみるかぎり、それまでの基本路線と大差ない。しかし、大規模なグループを実施する時の、不可能と思いたくなるほどの困難や全くの未知に挑戦する事態を想像してみると、スタッフ・プロセスとスタッフ間の信頼の重要性が、あらためて浮彫りになるように感じられる。

## 3　エンカウンター・グループと「静かなる革命」
### ——国際的・社会的葛藤の解決のために——

エンカウンター・グループに見てきたように、ロジャーズは、個人として自由に対面することができるように、心理的に安全な風土の中で、各自の意見・態度・感情の自由な表現を促進し、相互理解を高め、緊張を減らし、良いコミュニケーションを促進することをめざした。ＰＣＡにおけるように、一人ひとりの人間的個性が尊ばれ、個人の成長に思いやりをもって共に生き、画一化でなく変化に満ちた豊かさの中で共存し、また、より深いコミュニケーションをもてるならば、諸問題を解決する人間的基盤が存在していることになる。個人の成長、パートナーシップの在り方、属性や経験の相違や葛藤のある集団間など、いろいろな領域での「静かなる革命（The Quiet Revolutionary）」を、ロジャーズは創造し、推し進めた。

ロジャーズは、すでに一九五一年（まだシカゴ大学にいた「クライエント中心療法」出版の頃）に、国家間・集団間の緊張に関係した重要な論点を含む論文を書いていた（Rogers, 1961）。また彼は、『人間の潜在力』の「異文化間の緊張解決——その端緒を開く」という章で（Rogers, 1977）、個人心理療法や新しい教育方法の提言も重要な課題であるが、「われわれの世界が死の危険に近づいているという事実を直視」すると述べている（畠瀬、二〇〇〇）。ちなみに、新しい教育方法の提言に関して言えば、たとえば、ラホイアで、一九六七年に小・中・高・大学をもつある学園全体の教育改革を援助した（畠瀬、二〇〇〇、など）。現代社会の変化の中でのパーソン・センタードなグループの意義を、よりよい世界を実現するという点に見出して、八七年に亡くなるまで、国際的・社会的葛藤の解決のために、人間研究所の平和プロジェクト（Rogers and Russell, 2002, 邦訳、第9章参照）を中心に、以下のように精力的に多面的に活動を進めた。

### 多文化ワークショップ

異文化間緊張・国際問題・社会問題へのＰＣＡの適用として大規模な異文化間（コミュニケー

ション）ワークショップ（Cross-Cultural〔Communication〕Workshop）と呼ばれる国際的ワークショップが開かれた。Tudor and Merry（2002）によると，とくに一九七八年スペインで二八ヵ国一二八人参加で一二日間開催されたグループから発展し，二〇年以上にわたって毎年開催された。ロジャーズは以下のようにその意図と期待を表明している。

もし私たちがこのような国際的グループにおいて，互いを理解すること，互いに一人として会うこと，互いの信念の重要性や意味を把握すること，これらを真に不可能なことだと見出すなら，そのとき，私たちの世界にはあまり希望がないことになる。しかし，もしそのようなグループが，人として互いに純粋に出会い，人として互いを純粋に発見することは可能なことだ，また，互いの文化的信念と政治的見解に共感することも，それらを理解することも，実際可能なことだと証明するなら，その時，私たちの闇につつまれた未来を澄明な光の条が貫通し，私たちはよりよい世界を現実的に期待してもよいのだと思う。

### 集団間の緊張緩和のためのグループ

#### (1)　北アイルランドでのエンカウンター・グループ

一九七二年に，北アイルランド紛争をめぐって，ロジャーズは三日間二四時間のエンカウンター・グループをおこなった（Rogers, 1977）。カトリック（英国が一七世紀にアイルランド征服に成功する以前からの住民）四人と，プロテスタント（英国からの移住民）五人（うち一人は英国軍退役軍人）が参加した（アイルランドは，二〇世紀初めに独立した時に南北に分裂された。北部は英国の一部として残り、少数派のカトリックは不利な立場におかれた。一九六九年にデモが攻撃されて暴動が起き、テロとして英国軍が介入、ＩＲＡ（アイルランド共和軍）の抗戦で、北アイルランド紛争となる）。数代にわたる怨念・憎悪・偏見から共通理解の可能性への対話集会のモデルを提供しようと、記録映画も作成された（McGraw, 1973）。フォローアップ研究（Rice, 1978）によれば効果は単純ではないが、確かな対話がおこなわれた。

(2)　**ルスト・カンファレンス**（Rust Conference）　人間研究所の、国際緊張と戦争の減少をめざすピース・プロジェクトを見てみよう。ロジャーズは、早くから、国際的緊張と向き合うことへの関心をもち、すでに一九六五年には多様な国の指導的人びとが知り合うことを提案していた。オーストリアのルストで、平和大学・人間研究センター後援で八五年に、「中央アメリカの挑戦」と題した四日間のワークショップがおこなわれた。金融界（オーストリア銀行取締役）の支援も受けて、世界一七ヵ国から政府の高官やさまざまな思想界の第一人者たち五〇人が参加した。前大統領（前コスタリカ大統領・国連平和大学学長）、副大統領経験者、大使、政治家、大学教授などの参加者は、「役割からではなく、ただ人間として参加」した。一人ひとりがお互いに耳を傾け合った。疑い・不信ばかりがあったところに、強い人間的な絆が作られ始め、ラテンアメリカの国際的危機の緩和に貢献した（詳しくは、Rogers, 1986 が、大きな衝撃、深く肯定的な経験として記録している）。

(3)　**南アフリカでの取組み**　南アフリカでは、一九八二、八六年に、人種葛藤解決ワークショップがおこなわれた（以降、コ・ファシリテーターのサンフォードが、八七、九五、九八年と引き継ぐ）。ロジャーズは、黒人のリーダーたちのストレスと、多くが受ける束縛、また、状況が切迫していて緊張がすさまじい点では、一番劇的な取組みであるとしている（Rogers and Russell, 2002）。多くのグループに関わって、ファシリテーターを育て、その人達が現実的な促進者となるよう取り組んでいると八六年に述べている。

（4）**その他の各地**　スペインのエスコリアル、ハンガリーのセゲドなどでグループがおこなわれている。冷戦時のソヴィエト連邦でも、一九八六年にワークショップが開かれ、教育問題にも関わって、アメリカとソ連の市民が出会う基盤となることをめざした。

### 社会的葛藤に働きかけるグループの方法論について

ロジャーズらは、これらの多様で対立的なメンバーとのグループを通じて、パーソン・センタードの風土（Person-Centered climate）を作り上げていった。ロジャーズは、合意形成、緊張緩和、葛藤の解決をめぐって、数限りないグループが出現し、多様な角度からの多くのアプローチがあることを嬉しく思うと述べている（Rogers and Russell, 2002）。そのうえで、自分たちのできる貢献は基本モデルが心理療法に根ざしているために、仲介者・打開役などの他のモデルとはかなり異なるとしている。そして、ファシリテーターの主要な機能は、状況の中で真実であり続けること、開放的で、安全で、成長を促進する心理的環境を生み出すことだと明言している。基本レベルに焦点を当てて、その人自身に働きかけることで、基本的態度が変化し、問題解決のための基本的作業を整えることになる。一人ひとりが他者を人間として尊敬すると、問題が現実的に見つめられて、問題解決が以前ほど難しくなくなるために、解決可能な特定問題に焦点を当てていく葛藤解決方法よりも、応用範囲が広いと考えたのである。

これらのグループを実現するには、外交交渉力、説得力などのあらゆる資質を必要とするし、たとえば、ＩＲＡからの参加者を交渉するときには生命の危険もあったという。しかしながら、これらのグループに取り組んできて、常にもっとも対応が難しいこととして、「一人の個人としてグループに参加したのではなくて、ある組織の代弁者として参加している場合」だと述べている。ルスト・カンファレンスの成功は、じつに驚異的なことなのである。たとえば、一九八四年に二七ヵ国から参加があったセゲドの会議で、個人として発言した東ドイツの参加者は、その発言がもとで党からの信用を失うという代償があったとのことである。

この困難が、このような国際的葛藤への取組みの限界でもあるだろう。しかし、それに対してロジャーズは、非政府組織の人々が声をあげる動きが盛んであるところに希望を見出している。つまり、さまざまな視点やイデオロギーをもつ影響力のある市民が集い、理性と心からの話し合いをもって、それがひいては、政府に影響力を及ぼすという希望である。彼が「静かなる革命家」と呼ばれる所以であろう。

## さいごに

これまで述べてきたように、クライエント中心療法がPCAに発展していった過程で、また、一九六〇～七〇年代の時代背景もあって、エンカウンター・グループが展開していった。ロジャーズは、エンカウンター・グループを「深い意味のある運動」と見ていた。諸富は、ロジャーズが残した課題の一つとして「国際間、異文化間の相互理解、緊張緩和」という課題を挙げ、現在、このような問題に正面から立ち向かっているのはプロセス・オリエンティド・サイコセラピーであると述べている（諸富、二〇〇四）。別の流れとしては、M・ホワイトとD・エプソンによるナラティヴ・セラピー／プラクティスに、同様に社会変革的・運動的な志をみることができよう。ロジャーズの実践は、そもそも心理臨床実践が社会とどのような関係性を築き、どのような役割を果たすのかという根本的な問いを、私たちに投げかけていると考えられる。

無藤清子

《文献》

畠瀬稔、一九八四、「エンカウンター・グループ経験における日米比較研究――ラホイア・プログラム参加者の追跡調査を通じて」『人間性心理学研究』2、七九‐九七頁。

――、二〇〇〇、「ラホイヤ時代のロジァーズ」氏原寛・村山正治編著『ロジァーズ再考――カウンセリングの原点を探る』培風館。

McGraw, W. (director), 1973, *The Steel Shutter*（映画）.（日本版ビデオ：畠瀬稔監修『鋼鉄のシャッター――北アイルランド紛争とエンカウンター・グループ――』関西人間関係研究センター、一九九九年）

Mearns, D., 1994, *Developing Person-Centred Counselling*, Sage.（諸富祥彦監訳『パーソンセンタード・カウンセリングの実際――ロジャーズのアプローチの新たな展開』コスモス・ライブラリー、二〇〇〇年）

諸富祥彦、二〇〇四、「『クライエントセンタード』はどこへ行くのか――ロジャーズ・ルネッサンスに向けて」村瀬孝雄・村瀬嘉代子編『ロジャーズ――クライエント中心療法の現在』日本評論社）

村山正治、二〇〇〇、「エンカウンター・グループとネットワークキング」氏原寛・村山正治編著『ロジャーズ再考――カウンセリングの原点を探る』培風館。

――、二〇〇五、『ロジャーズをめぐって――臨床を生きる発想と方法』金剛出版。（とくに、第12章第6節「エンカウンターグループにおける研究と事例研究の実際」）

Rice, C. P., 1978, *Steel Shutter*.（畠瀬稔・東口千津子訳『鋼鉄のシャッター――北アイルランド紛争とエンカウンター・グループ』コスモス・ライブラリー、二〇〇三年）

Rogers, C. R., 1951 (1952), Dealing with Breakdowns in Communication――Interpersonal and Intergroup: A Review of General Semantics, *The Journal of the Society for General Semantics*.（諸富祥彦・末武康弘・保坂亨訳『ロジャーズが語る自己実現の道』ロジャーズ主要著作集第3巻、第17章「人間関係と集団間の関係におけるコミュニケーションの危機への対応」岩崎学

術出版社、二〇〇五年）

――, 1961, *A Tentative Formulation of a General Law of Interpersonal Relationships.*（諸富祥彦・末武康弘・保坂亨訳『ロジャーズが語る自己実現の道』ロジャーズ主要著作集第3巻、第18章「人間関係の一般的法則についての試案」岩崎学術出版社、二〇〇五年）

――, 1968, *Journey into Self*（映画）.（『出会いへの道――あるエンカウンター・グループの記録』日本・精神技術研究所）

――, 1970a, *Carl Rogers On Encounter Groups*, Harper & Row.（畠瀬稔・畠瀬直子訳『エンカウンター・グループ――人間信頼の原点を求めて』創元社、新版、一九八二年〔初版一九七三年、ダイヤモンド社〕）

――, 1970b, Can I be a Facilitative Person in a Group?（Carl Rogers On Encounter Groups の一部）, H. Kirschenbaum and V. L. Henderson eds., *The Carl Rogers Reader*, 1989.（伊東博・村山正治監訳『ロジャーズ選集』下巻、23章、誠信書房、二〇〇一年）

――, 1970c, *Because That's My Way*（映画）.（畠瀬稔監修（VTRと対訳逐語）『これが私の真実なんだ――麻薬に関わった人たちのエンカウンター・グループ』コスモス・ライブラリー、二〇〇八年）

――, 1977, *On Personal Power : Inner Strength and Its Revolutionary Impact*, Delacorte Press.（畠瀬稔・畠瀬直子訳『人間の潜在力』創元社、一九八〇年）

――, 1980, *A Way of Being*, Houghton Mifflin.（畠瀬直子監訳『人間尊重の心理学』創元社、一九八四年）

———, 1986, The Rust Workshop, *Journal of Humanistic Psychology*, 26 (3): 23–45.（H. Kirschenbaum and V. L. Henderson eds., *The Carl Rogers Reader*, 1989. 伊東博・村山正治監訳『ロジャーズ選集』下巻、32章、誠信書房、二〇〇一年）

——— and D. Russell, 2002, *Carl Rogers : A Quiet Revolutionary*, Penmarin Books.（畠瀬直子訳『カール・ロジャーズ――静かなる革命』第９章「国際的緊張を緩和する」誠信書房、二〇〇六年）

Sanders, P. ed., 2004, *The Tribes of the Person-Centred Nation : An Introduction to the Schools of Therapy Relatied to the Person -Centred Approach*, PCCS Books.（近田輝行・三國牧子監訳『パーソンセンタード・アプローチの最前線――ＰＣＡ諸派のめざすもの』コスモス・ライブラリー、二〇〇七年）

Thorne, B., 1992, *Carl Rogers*, Sage.（諸富祥彦監訳『カール・ロジャーズ』コスモス・ライブラリー、二〇〇三年）

Tudor, K. and T. Merry, 2002, *Dictionary of Person-Centred Psychology*, Whurr.（岡村達也監訳『ロジャーズ辞典』金剛出版、二〇〇八年）

# 第7章　クライエント中心療法の理論的・実践的な展開

## ――ジェンドリンとロジャーズ――

## 1　ジェンドリンの体験過程とフォーカシングの理論、心理療法による人格変化の理論

シカゴ時代およびウィスコンシン時代を通じて、E・T・ジェンドリンは、ロジャーズとほとんどつねに行動を共にしていた。筆者が一九六一年ウィスコンシン大学にジェンドリンを訪れたとき、たまたまロジャーズは日本でのワークショップに招かれて留守であったが、ロジャーズと共に統合失調症者へのクライエント中心的接近の大きなプログラムを推進しているおもな一人として、ジェンドリンがいた。

前章まで述べられてきたように、シカゴ時代まで、クライエント中心療法は、その理論に対する批判は別として、扱いうる対象は神経症レベル、あるいはより健康に近い人たちであるとの半ば公然の限定を、他の立場の人たちから受けていた。このことは明言されることは少なかったが、ロジャーズおよびその一派の人たちは、入院中の統合失調症の患者に対する治療を実践することで、この療法が重篤な病者に対しても適用可能であり、効力をもつものであることを証明しようとしていた。この点で必ずしも所期の成果がえられなかったのだが、この統合失調症研究については第5章でふれたので、ここではこれ以上内容には立ち入らないが、この研究の展開とともに、ジェンドリンは統合失調症者との治療体験を通じて彼の今までの考えを拡大深化するようになり

彼の治療理論、人格（パーソナリティ）変化の理論が準備されることとなる。

ここではジェンドリンの『人格変化の一理論』（Gendlin, 1964）に最初にふれ、次に、彼の統合失調症者との治療の実践と、その考えを述べ、最後にフォーカシング（focusing）の考えに少しふれることにする。

## 人格変化の問題

ジェンドリンは、治療によって生ずる人格変化についての理論的前提が今まで十分に吟味されていないとして、次のように述べた。

「心理療法の可能性は、治療的人格変化がどのようにして生起するかを理論的に説明することができなければ、その解明はあいまいなままに残されてしまう」。彼は次のように考える。現在までの多くのパーソナリティ理論は、そのパーソナリティの過去からの一貫性、同一性の保持の説明に主力を傾けてきている。すなわち、現在の人格が何故このような状態にあるのかを説明することに成功はしているが、このことは、むしろその人格が変化することに対して抵抗していることを強調する結果に終わり、何故、どのようにして変化が生ずるかの解明を困難にしてしまっている。

大部分の理論において、人格の静的な内容――人格の構造的側面が本質をなしている。このために人格の変化は、理論上とくに困難な問題とされてきた。この見方は、人格を変化に対抗する諸要素をもつものとして捉えることになるのだが、興味あることには、この変化が困難であるという考察が、「変化が実際に生起する臨床場面そのものの観察」をふまえているという事実である。

個人は定義された内容をもつ構造化された一つの実体としてみなされ、人格はそれに変更を加える可能性をもつすべての新らしい経験に対抗して、自己を維持しているという点で公式化されている。しかし過去の人格理論は、(その結論とは逆に)変化が生ずることを主張し……、心理療法が成功した時に生ずる進行しつつある人格変化をふまえて構成された。

このパラドックスをどう考えるべきか、がジェンドリンの出発点となる。

まったく逆説的なことだが、人格変化が心理治療者たちの目前で、起こっているとき、それは患者個人が、自分のさまざまの感情にわけ入って探しもとめ、それらを表明するときなのだが、あたかも自分の全努力は、何が悪かったのか——つまり彼の人格の中で、普通の順応や変化ができないようにさせているのはどういう側面であったか——を明らかにすることに向けられていたかのごとく語るのである。またこれについで彼が語り始めているように、彼にとってずっと真実であったが気づいていなかったことについて、いろいろ気づくようになるのが常である。

心理治療を通じて、個人がこれらの手に負えない頑固な内容およびその内容に以前は気づくことができなかったということを「あらわにし」、あるいはそれらに「気づくようになる」という事実を規則的に観察することができる。にもかかわらず、一方で、今までさまざまの人格理論がこれらの内容の自己維持的な構造をあまりにたくみに公式化してきてしまっているので、個人が何によって現在の彼になっているのかを説明はできても、どのように彼が変化するのかについては、系統的に述べえないままでいる。ジェンドリンは、パーソナリティ変化を理論的に不可能にする二つのパラダイム（paradigm, モデル）として、抑圧モデルと内容モデルをあげている。

抑圧モデルとはおよそ次のごときものである。その考え方が論者の間ですっかり同一であるとはいえないが、多少なりとも、個人が発達初期の家族関係の中で、一定の仕方でものを感じ行動した場合にのみ愛されるという諸経験を通じて一定の価値を内在化させるという見方を根底にもつ。それぞれの個人にあって、この内在化した価値、すなわちみずからにむけられた要請と矛盾した経験は「抑圧され」（フロイト）あるいは「覚知化を否認され」（denied to awareness, ロジャーズ）あるいは「私でなくなる」（not me, サリヴァン）に至る。後になって、個人がこの種の矛盾した経験にであうとき、彼はそれをゆがめて受けとるか、まったく気づかないままである。その受け入れは、たえがたい不安をよび起こすからである。自我（フロイト）、自己概念（ロジャーズ）あるいは自己力動（サリヴァン）は、覚知の歪曲や経験の無視に働くシステムである。この影響を、フロイトは「抵抗」、ロジャーズは「防衛性」、サリバンは「安全操作」と呼ぶのである。パーソナリティの同一性あるいは現在の姿の維持は、かかる「抑圧のパラダイム」と名づけられる理論構成によって可能とされる。

現在までの理論は、抑圧モデルの線によって組み立てられているゆえに、以前に抑圧していたことに「気づくようになる」治療的変化を、この線の展開の方向ではまったく「説明できない」。変化はたしかに起こるのだが、「変化する」というだけでは説明にならない。関心は、この「抑圧していたものに気づく、覚知化の過程」を理論的に可能とする理論構成の問題におきかえられねばならない。

内容モデルは、人格を構成するさまざまの内容（パーソナリティを形成する定義された実体）――ジェンドリンは、「体験」「因子」「S－R結合」「要求」「動因」「特性」「自己概念」「不安」その他をあげている――が変化することの説明に失敗せざるをえない宿命をもつ。内容上の変化は、何が変えられねばならないか、その後に何が変化したか、何に変化したかをたんに記述的に公式化する形でとりあげうるだろう。Aの特性がBの特性に変わったとか、「不安」が学校に関する不安から実存の不安に変化したとかは言える。しかし、どのようにしてこの変化が可能であるかは（どのような条件の下で、どの過程を通じて生起するかは）、説明されない。結果として内容が変化したという記述は従来の人格変化の記載に常にあらわれてはいても、この変化の過程を組織的に記述するための、より基本的な人格変数が求められねばならない。

ところが、今までのところで理論的に変化が不可能とされた内容が、心理治療の過程で変化する。患者はこれらの本質的な内容を最終的に悟る。自分が今まで敵意にみちていたこと、自分が片よった固着的な性の欲望から感じたり行動したりしていたことなどを知る。そして今はこの「内容」が変わっていることを同時に知るのである。諸理論は、この内容のいわば溶解する過程を、内容モデルの線に沿っては説明できないのである。

ジェンドリンの考え方は、抑圧モデルにあってはその理論上の変化を不可能とする要因を前面におしだして、しかも変化が事実起こることを説明することの矛盾をあげ、内容モデルにあっては、たとえば化学変化によって、ある元素が他の元素に変化する過程は、元素そのものが変化するのだという説明によっては不可能であるように、本質としての実体概念である人格内容の変化は説明不能であるとするところにある。

そして人格変化に伴って生ずる素朴な心理治療の場での二つの観察事実を出発点として、後にふれる「体験過程」の理論こそ、上述の理論的説明の困難を脱却するものであることを主張するのである。

二つの観察事実とは次のようである。

①重要な人格変化に伴って個人内にはある種の情緒的あるいは感情の過程が生ずる。

②重要な人格変化はほとんど常に、ある進展しつつある直接の人間的な関係という文脈において生起する。

さて、このような事実の観察される条件下で、個人の内部的、内面的、身体的、有機的感情や感覚への直接的なリファー（注意を向ける、指し示すこと）の過程がはじまること、まだ言語化されない暗々裡の直接のレファラントの意味が、象徴化され言語化されて一つの完了をもたらし、ジェンドリンのいうフォーカシングを中心とする感情過程が進行すること、この位相の中で、日本語でいう悟りに似た体験（unfolding, 開け――村瀬孝雄の訳語）が展開し，これがさまざまな領域に応用されていくに至る過程が説明されていくのである。ジェンドリンのこの理論構成の当否はさておくとしても，彼の着目した前述のことがら，すなわち，心理療法による人格変化の生起する必然性の説明の困難さをパーソナリティ理論の構成上の問題として提起していることは特筆してよい。

ロジャーズは，前の章でふれられた，「治療上のパーソナリティ変化の必要にして十分な条件」を中核とする，治療的変化の解明にあたって，常に，「もし，A・B・C……などの条件があれば，X・Y・Z……などの変化が生ずる」とする，経験的観察を主とする記述をおこなっている。この点は，自らの治療的経験を一貫して重視しているロジャーズの特色であるのだが，ジェンドリンは，このロジャーズの影響をうけつぎながら，大学で当初哲学を学んだ彼らしい一面を示している理論構成である。そして，ロジャーズが，過程スケール（process scale）と呼んで公式化したものの内容的変数（process variables）を，彼の言う，情緒的・感情的過程，換言すれば「体験過程」として，個人内の変化の様相として整理する努力がなされることとなる。

### ●フォーカシング（焦点づけ）

ここでは，その後に発展させられた，具体的な個人内変化を生起するための技法（Gendlin, 1981）としてのそれは，成書に譲ることとしてここでは触れない。むしろ，前述した人格変化の理論としてのそれに限ることとする。

「ある明らかに感じられてはいるが、概念的にあいまいなレファラント（直接に、着目言及、指示される内的過程）は、個人によって直接にリファー（注意を向ける、指示する）される」。もし個人がこの直接のレファラントにその注意を集め続けるならば、彼はその気持に含まれる、大ざっぱないくつかの面を概念化、言語化できるようになるかもしれない。たとえば、「誰かが私にこういったことをするとき、私はどうもこんな感じをもつものだ」「ああいったことがあると、どうも何かまずいことが起きる。……それをうけ入れなければならないのがどうも人生だ。でもそんな風に感じてしまうとひどく恐ろしい」などである。「それ」や「こんなこと」についてある大ざっぱな側面を概念化するとき、人はその感じられた意味を以前よりも強く、また生き生きと感じるのが常である。この自分の内部のフォーカシングの過程について、ずっと感動し、希望をもつようになり、前のように概念的説明で対抗したり、非難したり弁解で対応したりすることが少なくなる。

フォーカシングとはこのように、個人が体験過程の直接のレファラントに注意を払うとき、それにひきつづいて起こる過程をさしている。直接リファーすることが体験過程の一つの様式であるが、体験過程と名づける感情過程は、感じられた素材としてのそれへの直接のレファランスなしにも覚知されうるのである。

直接感じられたレファラントに焦点をあわせていくと、時にそのレファラントが何であるかを明白に知るようになる過程がみられることがある。先述したが、これをジェンドリンは「開け」(unfolding, open-up〔ぱっと開く〕)と呼ぶ。今まで暗々のうちであったものが、「表現される概念や言葉」と結びついてくる。しかしこれらの概念や言葉は常にまた、感じられたレファラントと再び三たび照合される過程をたどる。以前はただ感じられていたことが、いま実際に「意味がある」ようになり、問題の解決が可能になったと思われる。このあと、ジェンドリンは、「漠然とした適用」(global application)や、「レファラントの移動」などのこの「開け」につづくフォーカシングの位相をとりあげているが、ここでは省略する(Gendlin, 1964 参照)。

そして、ここでこのような感情過程(体験過程)が生起するためには、パーソナルな関係の役割が必須とされるのである。

## 2 ロジャーズの「対人関係的仮説検証過程」

ジェンドリンのこの論文の発表とほとんど同時に、ロジャーズは、対人関係(ジェンドリンのいうパーソナルな関係)での、対人関係的仮説検証の過程を、科学的な「知(knowing)」の問題と関連して述べているので、少しふれてみよう。

ロジャーズはこの問題を、相互主観的、主観的、対人関係的の三つの仮説検証の過程として区別することから出発する(Rogers, 1963)。

周知のごとく心理学における知識の成立過程は、心理学が科学たらんとして、当時の物理学をモデルにして誕生したG・T・フェヒナーらの精神物理学以来、論理実証主義、操作主義の洗礼を経て、実験科学としての手続きの中にその基盤を求めてきた。このような知識獲得の過程は、客観的な仮説検証の過程と呼ぶことができる。この場合、仮説は外部的枠組みにもとづいており、仮説は外部的に観察可能な操作によって検討される。そしてこの際のよりどころは、同じような心理学の研究グループといった準拠集団の一致した観察結果にもとづく。公共性・客観性とよばれる科学的知識はこのようにして成立する。このような手続きの中で注意しなければならないのは、扱う対象が常に「観察可能な対象」であるということである。どのような問題にしても、それは必ず公共的に観察可能な対象に変えられたうえでの取扱いを受ける。自分自身に対するある刺激の影響をみようとする時、自分は自分自身を対象化する。その反応をはかるのに適しているある機械における目盛の変化にあらわれた自分自身をみるのである。このようにしてこの目盛は、準拠集団の他の誰によっても同じようによみとることが可能となる、対象化する手続きが要請されるといえる。

ところで、ここで刺激ということを考えてみよう。刺激とは何かという問いは、それが刺激であるとして、仲間の研究者たちから共通の受けとられ方をすることが前提である。動物実験におけるある動物の行動が、その実験者ならびに他の研究者たちによって、その刺激に応じて惹起されたものとして承認されることを必要とする。そして、この結論が当の実験者に正確に伝達されたとき、その刺激は刺激としての意味を獲得する。この伝達は、実験者の、他人の言葉や文章や行動が示しているものを、いわば共感的に、相手の内部的枠組みに立って理解する能力をまって成立する。この点からして、刺激は単純に外部的事象としての存在ではなく、相互的理解、相互的承認が準拠集団によって成立する際に存在するとされるものである。ここで準拠集団の重要性が客観的な「知る過程」に入りこむ。もしもこのグループが、はなはだ狭い範囲であるとき、あるいは、そのグループ独自の偏倚を内部的な共感に関して抱いているとき、当然、望ましい客観性は損なわれることとなる。そのグループのもつ何らかの信念（これは直接当の実験的研究にかかわるものでなくとも、その背後にあって、バイアスとなるものでよい）が、見出された事実をゆがめることがあるかもしれないのである。ここでの主張は、客観的な仮説検証とよばれてきた手続きの中に、研究者の主観的な承認が事実として存在すること、相互的な理解が準拠集団内部に存在することによって、公共性・客観性が前面にもちだされることなのである。

客観的知の過程に対して、主観的な知る過程を論ずることができる。ロジャーズは先述の「人間の科学をめざして」と題する講演の中で次のように述べた。

「すべての知る過程は、さまざまのやり方で検証される仮説によって成立する。これらの仮説は、問題なく証明されるものから、一時的にもたれるものまでさまざまである」。前者の例として、2＋2＝4などの自明なものがあげられ、後者の例として、「私は彼女が好きになり始めている」とか、「私は母親を憎んでいるんです」といった種類のものがあげられる。ロジャーズにとって、主観的な知識といわれるものは、仮説を検討する際の過程が前述の客観的な知識に関する検討の場合と手続きのうえで異なっているにすぎないのであり、「仮説とその検証」という点に関しては差異はない。

私自身の内部で――私の内部的な枠組み（my own internal frame of reference）から――、私は「私が愛し、憎み、知覚し、理解している」ことを知る。信ずる・信じない・喜ぶ・嫌うなどはすべて私の（抱く）仮説であり、ジェンドリンの示すように、われわれの概念化される以前の体験過程の進展しつつある流れをレファラントとして用いて、この仮説の検討が（レファラントとの照合が）おこなわれる。

私は私の体験過程に照らして、「私は本当に彼を憎んでいるのか」と問うことによって、私が感じているのは、憎しみではなくねたみであると分かる。この答を、答として概念化し言語化するためには、私は私の感情の流れにリファーすることのほかはない。これが主観的な知識が検討される過程である。換言すれば、私は私の内的な仮説を、私の内部において動きつつある経験過程（現在その場で動いている私の体験の流れそのもの）にもとづいて形成するといえる。

この内部的仮説検証の過程は、一見して、主観的知識獲得の過程とは思われない事象に対しても成立する。ロジャーズのあげている例の中に、はなはだまとまりのない一見雑然とした資料の中にどのような法則性を見出すかを迷っている人の場合、最初漠然とした予感が生まれ、それが検討され、次第に明確な分化した理論としてその人の考えに定着していく過程がある。概念化とはこのような主観的仮説検証の過程をたどって言語化された体系にほかならない。実験状況下での被験者も、教示に従ってたとえばある線が一方より長いかどうかを判断する場合、その答の根拠はその際の被験者の内的な体験過程（どう考えてみても、こっちの方が長いようだ。こちらを短いとみようとしても、どうも私の考えとはくいちがうなど）にもとづいている。

このように主観的な知識の検討の過程は、あらゆる科学的知識の成立過程に参加しており、さらに広く、私たちの日常生活における経験を成立させているものと言える。もちろんこのような主観的な知識は、はなはだうつろいやすく、公共的に妥当な知識には導かないため、今日までほとんど注意を向けられることがなかった。そしてさらに問題とされるのは、前述の実験の場面での例で分かるように、外部的な手掛りや刺激が主観的な検証の場に含まれているにしても、検証や照合の方向は、外部の刺激に向けられるのではなくて、個人の内部における体験に対して向けられていることである。そのためにこそ、主観的な知識と呼ばれるのであり、何らの確証のないと思われるこの「主観性」が顧みられなくなってきたのは当然のこととも言える。

しかし、一歩進んで考えるとき、これは深く生活体全体、オーガニスミックな根底にねざした感じ方であり、私たちの意識的な象徴や概念を形成し分化するうえではなはだ重要な過程であると言わねばならない。

思考における独創性とか創造性と言われているもの、人間行動の個体の独自性と呼ばれたりするものの根拠は、その出発点を上述の主観的知識検討の過程に負うていると考えることができる。ゲシュタルト心理学から出発したM・ヴェルトハイマーはその「生産的思考」の中で、アインシュタインが相対性原理の基本的構想をもつに至る内的な過程をとりあげている。「数年の間、ある方向の感じ、何か具体的なものに向かっているという感じがあった、この感情を言葉で表現することははなはだむずかしいが、たしかにこのような感じがあった」とアインシュタインは書いている。主観的知識が公共的・客観的な知識としての形をもつに至るプロセスを方法的な側面と論理的な側面から展開しているのが先に述べた、客観的な仮説検証の方法および理論といえる。主観内の知識を、相互主観的な知識に変えることが、客観性・公共性と呼ばれるものの実質である。

客観的知識と主観的知識についての叙述が長くなったが、心理療法の過程は、この二つの仮説検証の過程を一部含みながら、独自の仮説検証の過程が成立すると考えられる。ロジャーズはこの過程を「対人関係的な知る過程」(interpersonal knowing)と名づけている。

ここでの知る過程は、「私の言葉があなたを傷つけたことを感じます」とか「あなたは自分自身を軽蔑していると私には思えます」とかの表現であらわされるものである。相手に向かって、「あなたは自分を軽蔑しているんですね」という日本語の表現は、暗黙のうちに、この対人関係的な知の過程が今二人の間に生じていることをあらわしている。この相手を知る過程は、上述の二つの過程と同様にすべて仮説である。ただしこの場合には、これらの仮説を照合するやり方は、私の用いうるさまざまな技法や共感的理解を通じて、あなたの現象学的場の適切な側面に達することによってなされる。換言すれば、あなたの私的な意味の世界の内部に対して、私の理解が正しいかどうか（私の主観的知があなたの体験過程に照合してマッチしているかどうか）を問うのである。治療における技法と言われているものは、この照合の仕方、問いかけかた、あなたに仮説の検証に参加してもらうためにどのような私のあり方があるのかを問うのである。私は単純に、私の仮説（あなたがこうではないかと私が思っているもの）が正しいかどうかを問うこともできるだろう。しかしこのやり方は、しばしばはなはだ不適当で、あなたの私的な世界を指し示すのに向いていない。私はあなたの身振り、言葉、声の抑揚などを観察し聞き感じとって、これらにもとづいての推測をなし、その主観的検討の過程を相手に伝える。

　クライエント中心療法と呼ばれるものの本質は、あなたにとって心理的に、あなたの内的なレファランスの枠組みを開示するのに安全で報酬の多い場面を、治療者である私が準備することである。この安全で報酬の多いものを準備すると呼ばれていること自体が、ここでの、対人関係の場における相互検証のあり方の本質でもある。

　このような対人関係的知の、私の方での仮説的な提出に対して、あなたは、あなた自身の主観的な体験過程に照らして、みずからの仮説をここで提出する機会をもつことになるだろう。心理療法においては、この種の知る過程がもっとも実り豊かなものである。仮説が検討され修正され、別の仮説が展開し、再び二人の相互的な参加者の間で検討される。私はあなたに対しての共感的な推論を最大限に用い、あなたの現象的な世界に対しての私の仮説を検討し、あなたもみずからの現象的世界についての仮説を参加者として検討するのである。前述のジェンドリンの体験過程の事象がここに生起し、人格変化と呼ばれる事実が結果する。

この対人関係的あるいは現象学的に知る過程にあっては、共感の方向は、あなたに向けられる。この過程を通じて、個人の中に生起しつつある観察不可能な事象に到達する科学的道程が開かれるのである。このやり方の限界は、あなたに対して向けられる私の共感のあり方の限界であり、それがヤスパース流に言って了解不能と呼ばれる統合失調症者に対してでも、もしも私の共感の能力が用いられる程度に、換言すれば相手の現象学的世界に対する共振が可能である限度での治療的接近の可能性が生まれるのである（ロジャーズは、この対人関係的な知る過程における主観的知の役割にほとんどふれていない。しかし、治療者の過程の中には、相手によって検証される過程と同時に、みずからの内部で主観的に検討する面との両者が含まれていると考えられる）。

この知る過程の正当性の基準は、前述の事からも明らかである。私の相手についての仮説の正当性は、相手によって検証されるか、あるいは相互的な承認（consensual validation）の形で検証されるかのいずれかである。この考え方は、ジェンドリンの前述のフォーカシングの理論や、パーソナルな対人関係の理論と深く関連してくるのである。

## 3　ジェンドリンの「統合失調症者へのクライエント中心療法の適用」

すでに触れたように、ウィスコンシン大学で、ロジャーズ、ジェンドリン、トルアックスらは、入院中の統合失調症者（引用文中は分裂病者）の治療に取りくんだ。ここでは、ジェンドリンの当時の論文を中心として、彼らがどのように統合失調症者を見ていたか、どのように治療に取りくもうとしたかの一端を見ることにしよう。彼は次のように述べている。

> 最近は……（さまざまな立場の）セラピーにおいて、一つの共通な経験的焦点をもつという方向に移行してきている。……よく適応した発言の多いクライエントに限定されることも少なくなり……感情の反射（reflection of feeling）と解釈の区別を超越する動き、分析的と反射的、……あるいは好みの内容の間の区別を越える動きがある。
>
> 入院中の分裂病者との接触によって、クライエント中心療法における経験的傾向は大きく促進された。（分裂病の）クライエントの中にみられたいくつかの特徴をあげてみよう。

「沈黙」――数時間の全くの沈黙に直面した。それはセラピーにとって貴重な、自己を掘り下げるものでなく、空虚、抵抗、どうしていいか分からないといったものであった。

「自己推進的な治療的経験的過程がない」――掘り下げの構造が欠けているために、そしてまた他の理由のために、普通にみられる自己推進的なセラピー的経験過程（self-propelled therapeutic experiential process）は生じない。あるときそれが生じても次の回はまったく何も起こらない感じになる。

「セラピストへの拒否」──沈黙の場面でも、話しつづける場合でも、セラピーとセラピストへの完全な拒否。「あっちへ行って下さい。私を一人にして。誰かとは話すけど、あなたとは話しません。私はもうできません」などが生じた。

これらに対して、「セラピストは何とかしてクライエントに届き、自分を結びつけ、どれがどんなことであるのか詳細は分からなくともそれに反応しなければならない。……これらのクライエントに強制される形で、クライエントの中で直接に感じられる、具体的な、前言語的な体験過程に向かっていかねばならない」。ここでセラピストは、自分をたよりにし、自分の内的体験過程に依存せざるをえないし、そのときの表現は、セラピスト自身のその場での感情体験にもとづくものであったり、クライエントから感じたものであったりすることを明瞭に示すことが大切となる。私の思考や感情の流れが、私の反応の源である。これらは、ジェンドリンの言う「体験過程」そのものである。そしてときにそれは「私の想像したクライエント」の内的過程であるかもしれない。だから、ときには相手にぴったりしたり、しなかったりする。この時ぴったりしていなくとも、クライエントは彼に心を向けている私を経験するだろう。このクライエントの経験がほんの数分間でもあれば、それは援助になる。これらの体験は、少なくともジェンドリンにとって、統合失調症者との接触が相互的・継続的におこなわれるようになる前に、必然的に経験せざるをえぬことであった。

もちろん統合失調症者の中にも、沈黙し反応しない人ばかりでなく、沈黙しながらも反応している人がいるし、言語を語ってはいるが、個人的な意味や感情を語らず、他の人・場面・事柄についてだけ語りつづける人もいる。これらのそれぞれのタイプ、それぞれの個人に対して、どのように応ずるかが、この時点でのクライエント中心の立場のセラピストの探求すべき課題となったのである。

## 4　ロジャーズの「教師としての姿勢」について

すでに古く、『クライエント中心療法』（*Client-centered Therapy: Its Practices, Implications, and Theory*）の中で、ロジャーズは「生徒中心の教育」の考え方を提唱しており、教育においても、彼の「クライエント中心」あるいは後の「人間中心のアプローチ（ＰＣＡ）」と一貫した考え方が示されてきた。最近の彼の講演を引用して、個人治療やエンカウンター・グループの場面以外の彼を見る一端とする。

「もし私が教師だったら、自分に次のような質問をするだろう」という講演の中で、彼は次のように教師であることの七つのポイントをあげている。

①成長を続け、学習している人の内側に私は入ることができるでしょうか。私は批判的な態度

にならないで、この世界を理解することができるようになるでしょうか。

②私自身、このような若い人びととの関係の中で真の人間となり、共に学ぶことができるような、心を開いた、自由に表現しあえる相互関係をつくることに賭けることができるでしょうか。このような若い人びととの集中的グループ関係の中で、私はあえて自分自身になることができるでしょうか。

③私は、個人一人ひとりの興味を見つけ出し、それぞれが好きなようにその興味を追求していくことを認めることができるでしょうか。

④私は、若い人びとが自分でもっとも大切にしているもの——自分自身と自分をとりまく世界について、大きく目を開き、粘り強く激しく好奇心をもやすこと——を、持続することに援助できるでしょうか。

⑤人間や経験や書物といったあらゆる種類の資料——それは彼らの好奇心を刺激したり関心を高めたりするものですが——に若い人が触れられるようにする場合、私は創造的になりうるでしょうか。

⑥創造的な学習や活動の前触れともいうべき、奇妙なまとまりのない考えや、激しい行動や表現を、私は受容し育てることができるでしょうか。このような創造的な考えを生みだす、ときには風変わりな人格の持ち主を受容することができるでしょうか。

⑦若い人びとが統合された人間——感情が知性に、知性が感情にゆきわたり、そしてその表現

が全人の表現となるように私は援助できるでしょうか。

もし何か奇跡でも起こって、私がこれらの質問のほとんどに「イエス」と答えることができるならば、私は真の学習の促進者（ファシリテーター）であり、若い人びとの大きな可能性をひきだすお手伝いができるだろうと信じています。

この長い引用は、ロジャーズが、教育に関しても、基本的姿勢は不動であることを示しており、彼みずからもそう語り、他の人たちからもそう呼ばれる、静かな革命をめざす人であることを示すと言ってよいだろう。

ロジャーズの考え方の紹介としては、この小著は全般を覆うにはとても不十分であり、偏りも多いと思われるが、ここにあげた七つの彼のみずからへの質問は、その細部を補うのに恰好のものであるかもしれない。

●佐治守夫

《文献》

Gendlin,E.T., 1964, A Theory of Personality Change, P.Worchel and D.Burne eds., *Personality Change*, John Willy & Sons.（村瀬孝雄訳「人格変化の一理論」『体験過程と心理療法』牧書店、一九六

六年）
――――, 1981, *Focusing*, Bantam.（村山正治・都留春夫・村瀬孝雄訳『フォーカシング』福村書店、一九八二年）
Rogers,C.R., 1963, Toward a Science of the Person, paper prepared for a symposium on "Behaviorism and Phenomenology: Contrasting Bases for Modern Psychology," at Rice Univ., Houston Texas.（「人間の科学を目ざして」T・W・ワトソン編、村山正治訳『行動主義と現象学』岩崎学術出版社、一九八二年）

＊ 本章の一部は、佐治守夫「心理療法(1)」『異常心理学講座』3、みすず書房、一九六八年にもとづいている。

# 第8章 クライエント中心療法近縁の心理療法

## 1　はじめに

本書はカール・ロジャーズの人となりと理論を概説するのがその主たる目的である。しかしクライエント中心療法（CCT：Client-Centered Therapy）やPCA（Person-Centered Approach）はロジャーズの存命中はもちろん没した後も発展し続けている。

第6章ではエンカウンター・グループ、第7章ではジェンドリンの体験過程とフォーカシングについて触れたが、この最終章では、読者の皆様のために、発展してきたCCTやPCAに属するあるいは近縁の主たる心理療法について概観する。

とはいえ、どの心理療法を取り上げたらよいかという問題にまずぶつかる。と言うのは、とくにPCAと言った場合カバーする範囲は広く、どういう要件を備えていたらPCAのグループに入るとするかに迷うからである。どんな心理療法もある意味では「クライエント中心」「人間中心」であると言えるからである。「認知行動療法」でも治療者が勝手に目標や方法を決めるわけではなく、クライエントと協同してそれらを決定する。また精神分析や精神分析的心理療法にしても、テーマやその解釈はクライエント自身が納得し受け容れなければ価値をもたない。

P・サンダースの『パーソンセンタード・アプローチの最前線』（Sanders, 2004a）ではPCAグループとして次の五つをあげている。「古典的クライエント・センタード・セラピー」「フォーカシング指向セラピー」「体験的パーソン・センタード・セラピー」「実存的心理療法」「統合的パーソン・センタード・セラピー」。

そして、「表現（アート）セラピー」はCCTやPCAの理論に根ざしていないという理由で、また、「プリセラピー」についてはそれ自体はあくまでもセラピーの前段階でありセラピーではないという理由で、グループから除外している（以上、同書邦訳、xii-xiv頁）。

ちなみにサンダース（Sanders, 2004b）はパーソン・センタード・セラピーの第一原則として次の三点をあげている。そして、パーソン・センタードと称するには、これら全てに同意する必要があるとしている。

①自己実現傾向の重視

②六条件の必要性の主張

③少なくともコンテント（内容）レベルでの非指示的態度の重視。プロセス・レベルでは必ずしも必要はない。プロセスの優れたディレクターであることは許容する。

さらに次のような第二原則をあげている。これらを採用するかどうかはそれぞれの人に任せて良いとしている。

①クライエントの自律性と自己決定権を脅かさない

②クライエントとセラピストの対等性あるいは非専門家性を重視する

③非指示的な態度と意図を最重要視する

④六条件の十分性（他の条件や方法論、技法を取り入れない）
⑤全体論（生命体の一部だけに応答しない）

（Sanders, 2004b, 邦訳、一七八頁）

本章では、サンダースに従って、暫定的に先の五つをPCAグループとして位置づける。ただ、実際には古典的クライエント・センタード・セラピーは本書の第1章から第6章までがまさにそれを扱っているし、第7章の一部ではジェンドリンの体験過程とフォーカシングについて解説している。また統合的立場は、R・ワーズリーが次のように書いているように特定の立場とは言いにくいという理由で、これも省くことにする。「私はパーソンセンタードおよび体験的セラピー一族内の『学派』や特定のアプローチについて述べるつもりはありません。それよりは、私が一個人として実行したいと考えている方法を記述したいのです」（Worsley, 2004, 邦訳、一四三頁）。

以上のようなことから本章では結果的に、体験的パーソン・センタード・セラピーと実存的心理療法について述べることにする。さらにはプリセラピーも今後の発展の可能性を考慮して、取り上げることにする。

## 2　体験的パーソン・センタード・セラピー

体験的パーソン・センタード・セラピーは体験過程療法（Experiential Therapy）、プロセス体験療法（Process Experiential Psychotherapy）などともいう。

## 体験過程とは

体験過程とは個々人の内面の深いところで流れつつある感情の過程であり、体験的パーソン・センタード・セラピーではこの流れを促進するために、セラピストがクライエントに働きかけます。

ジェンドリンのフォーカシングはその方法の一つであり、N・ベイカーはジェンドリンらを体験過程派の先駆けとして位置づけている（Baker, 2004）。そして体験的セラピストは次のような価値観をもっているという。

①自分のことを熟知し、最も信頼の置ける情報を有し、知恵の源泉となる者は、クライエント自身である。
②クライエントとの関係は、オープンかつ対等なものであることが望ましい。
③クライエントが、自身の体験によって形づくる内的世界の核（瞬間瞬間たえず流動する体験の非言語的流れ）により近づいていけることを、セラピーの体験的ワークは大切にする。その結果、クライエントは自身の人生をうまくコントロールできるようになる。
④セラピストはクライエントと深く関わりながら、自分自身の中で生じる体験過程にもしかるべき注意を払わなければならない。

（同書邦訳、七九頁）

最後の④がこの学派の特徴的なところとも言える。つまりセラピストは自分自身の中に生じる体験過程に注意を払い、必要に応じてそれをクライエントに表明しクライエントに確認する。そしてクライエントの表明を正確かつ明確に伝え返すことによって、クライエントの体験過程を促進するのである。ロジャーズは後年、ジェニュインネス（genuinness）を強調するようになるが、その中には正直な自己表明をも含んでいる。

思い起こせば、この傾向は必ずしも後期のロジャーズの立場であるとも言えない。たとえば二〇〇七年にVTRの邦訳版が刊行された「Miss Mun」との面接は一九五三年から一九五五年にかけての面接の第一七回目の記録であるが、そこに見られるロジャーズの応答は、クライエントの言葉のたんなる反射ではなく、ロジャーズによってわずかに先行された、つまり言わんとするところを言外のものまで汲み取った内容になっている（Rogers, 1955）。佐治守夫の「ゆう子のケース」（佐治、一九八五）においてもそのような応答が（ロジャーズほど多くないし、あからさまでもないが）散見される。

さらにロジャーズは一九八〇年の『人間尊重の心理学』で「ジェンドリンが公式化した『体験過程』という概念に引き寄せられる」とし、「共感的なセラピストは、クライエントがある瞬間に於て《ママ》体験しつつある『感じられる意味』を豊かに指摘し、これによって彼の体験の意味に焦点をあて、体験を十分に生きるのを助けるのです」と述べている。

そして次のような例をあげている。

エンカウンター・グループで、ある男性が父親に対する漠然とした否定的表明を行った。ファシリテーターが「あなたはお父さんに対して怒りを抱いておられるように聞こえます」と指摘すると、「いえ、そうは思いません」と、男性は答えた。「多分、お父さんに対して不満を持っておられる?」「ええ、まあ」(疑問がありそうな声)。「多分、お父さんに失望しておられるのでしょう」。すぐに彼は答えた。「そうです。私は彼が強い人間でないことに失望しています。少年だった時から、父にはずっと失望していたのです」。

(Rogers, 1980, 邦訳、一三二頁)

ファシリテーターが積極的機能を果たし、その援助によって男性は自分の心身の体験過程を促進したのである。

## メタコミュニケーション

N・ベイカー(Baker, 2004)によれば、この立場の代表的な一人であるD・L・レニーは「メタコミュニケーション」を強調する点が特徴的である。これはクライエントとセラピストとの間で何が起こっているかということを理解する時間である。

カウンセラーは、クライエントが話す内容だけでなく、話し方やその時クライエントの中で起こっていることにも注意を払う必要があるというわけである。このこと自体は「共感的理解」に含まれると考えて良いだろうが、レニーは、その気づきの過程に対してセラピストの果たす役割を強調している。カウンセラーは、クライエントに、進行しつつあるプロセスに関心を向けさせ（プロセス指示）、それに気づかせる（プロセス同定）責任があるという。クライエントに自分の状態と話していることとの不一致に注意を向けさせ、不一致にとどまるよう誘う。これは勧誘であり決して強要ではない、とされており、あくまでもクライエントが主導権をとることが大切とされている。

### プロセス体験療法

L・グリーンバーグらも体験過程を進める責任はカウンセラーにあると考えている。アメリカ心理学会（APA）によるVTRの解説によれば、彼のプロセス体験療法のもっとも中心的な課題は、「治療関係における共感的敏感さと治療過程における指示、つまり、先導することと追跡することのバランスをどのように達成するかという点である」(Greenberg, 1994, 邦訳、五頁)。実際に、このVTRでは最初の約一〇分を除き、面接の多くの部分を「空の椅子 (empty chair)」のワークに費やしている。

彼らはみずからのアプローチを、体験療法、認知療法、対象関係論、ゲシュタルト療法などを統合したものと考え、ロジャーズの考えを、影響を受けたものの一つとしている。が、あくまでも「体験療法の枠組みの中に位置づけられる一つのアプローチ」(Greenberg, et al., 1993, 邦訳、vi頁）であると主張している。なおこの書では、第一章（原著では第三章）にプロセス体験心理療法的アプローチの主要な創始者としてロジャーズとF・パールズをあげている。

この療法では、人間の機能障害は、体験を象徴化する際に通過する感情スキームの機能不全によると考える。そして、機能不全のスキームに接触できるようにクライエントを導いて瞬時ごとの感情・認知過程を促進するのが彼らの心理療法である。

感情スキームを変えるためには、次のような六つの要件のいくつかが満たされなければならない。

①治療関係の対人的安全さ。これが処理過程の容量（傍点ママ、以下同じ）を増やし、意識上のスキームの変容を可能にする。

②注意の焦点を体験の実際の特徴へと向けることによって、クライエントは、体験の語りの中では触れなかったが、気づくことが可能だった情報へと注意を向ける機会が与えられる。

③セラピーでスキーム化された感情記憶とエピソード記憶を刺激して喚起することは、象徴化のための新たな情報を与える。

④不安を起こすもの、またはそれまで避けていたものと直接的に接触するように励ますことによって、クライエントが新たな気づきへと入るのを許容するのを推進する。

⑤自分が感じていることを積極的に表現するような行動を試したり、実験したりするセラピー場面を設定する。それによって新しい体験がつくりだされる。

⑥新たな体験は、「我と汝」の対話におけるセラピストとの、今ここでの相互作用においても

つくりだされる。

（同書邦訳、五八‐五九頁）

彼らはプロセス体験療法における治療原則として「関係原則（治療関係を提供する）」と「課題原則（治療作業を促進する）」の二つをあげている。そして、関係原則が課題原則よりもはるかに優先される、としている。つまり、共感的で非審判的関係を、体験処理過程とその根底にある感情スキームに接触するための最適な条件を与えるものと考えている。

体験的パーソン・センタード・セラピーは、その手法には古典派から批判はあっても、体験過程やクライエントの自主性、セラピストとクライエントの共感的関係の質を重視することにおいて、クライエント中心療法の現代的進化の一つとされよう。

## 3　実存的心理療法

クライエント中心療法はアメリカで創始され主としてアメリカで発展したが、実存主義的心理療法はヨーロッパの実存主義哲学に端を発し、ヨーロッパで発展した。

しかし、本書第1章にあるがごとく、ロジャーズは一九五〇年代前半にS・キルケゴール、M・ブーバー、J.‐P. サルトルなどの著作に実存主義を学んだ。その後ブーバー（一九五七年）やP・ティリッヒ（一九六五年）と対話をおこなっている。わが国ではとくにブーバーとの対話が知られている。また、アメリカのR・メイとはヒューマニスティック心理学を代表する者同士として学会、会合、著作などを通じて多くの交流をもち、メイ編の『実存心理入門』(一九六九年)ではロジャーズは一章を執筆している。メイはニューヨークのユニオン神学校からコロンビア大学教育学大学院という、ロジャーズと酷似した経歴をもっている。

「心理療法への実存的アプローチ」で、著者のM・クーパーは、実存的心理療法を単一の心理療法として、古典的なクライエント中心療法と対比することは困難である、という立場をとっている(Cooper, 2004)。

### 実存主義に共通の考え

クーパーは、種々の実存主義に共通の考え方として、次の一〇点をあげている。

①唯一無二なものとしての実存——人間一人ひとりの実存は独自なものである。
②実存は〝事柄 thing〟ではなく、(動詞的な)過程である。
③自由な選択としての実存——人間は本質的に深く自由である。
④未来志向および意味志向としての実存——人間存在は特定の目標、目的、投企(project)、意味へと本来的に志向づけられている。
⑤制限されたものとしての実存——人間の実存は、死にゆくという事実、自分が作ったのではない世界に生を受けるという事実、多くの制限や条件の下に生きているという事実など、多

くの制限に直面する。

⑥世界内存在としての実存――環境（世界）は実存と別個のものではなく、環境が内面に深く組み込まれているのが実存である。

⑦他者とともにあるものとしての実存――一見個人的に見えることでも、多様な仕方で社会的世界に組み込まれている。

⑧具現化されるものとしての実存――身体は我々の所有する何かではなく、我々である何かである。

⑨実存の悲劇――人生は不可避的に悲劇的要素をもっている。

⑩真正（authenticity）であるか否かの選択――現実の実存は悲劇的であることを避けることができない。にもかかわらず、不安、罪の意識、落胆、絶望、悲しみを避けるために実存から目を背けることが多い。この傾向は外から注入されたものではなく、人間の中から生じるものである（クライエント中心療法との違い）。

（Cooper, 2004, 邦訳、一〇九 - 一一一頁）

以上のうち⑤⑨⑩を除いた特徴は、相当程度にクライエント中心療法と共通している。また人間にとって避けられないものがあるという事実は、多くのクライエント中心の立場の臨床家の承知していることである。

## 実存主義的心理療法

クーパーは実存主義的心理療法として五つあげているが、ここではその中で主要と思われる三つについて取り上げる。

(1) **現存在分析**　ヨーロッパを中心として初めて発展した実存的心理療法。「現存在」はM・ハイデッガーの言葉で、人間存在は世界に向かって「開かれた」ものであり、世界に投げ出されていると同時にみずからをその存在可能に向かって投げ出す存在（世界内存在）であるという。L・ビンスワンガー、M・ボスが有名である。

クーパーによれば、現存在分析は次のように考える点で古典的クライエント中心療法と類似している。

a　心理的に不適応な人とは、自分の世界における可能性のスペクトルの全体を体験できない人のことである。一方、健康な人は、世界が自分に開示するあらゆることを歪曲も否認もすることなく体験できる人である。

b　世界への慢性的な閉鎖性は不適切な養育を通じて生じる。

c　クライエントは生きている体験のどんな側面も探求する機会が与えられており、セラピストからの解釈や分析に縛られない。セラピストの役割は暖かく促進的な環境を提供することである。

一方、彼は次のような相違点を指摘している。

a　古典的クライエント中心療法が個人の「その人自身の体験への」開放性や閉鎖性について語り、体験の内的な極に焦点をあてるのに対して、現存在分析では「世界に対する」開放性や閉鎖性を語り、体験の外的な極に焦点をあてる。

b　クライエントの夢の記述的分析を重視する。しかし、精神分析のように夢を深層的あるいは象徴的に解釈するのではない。夢は、クライエントの世界に対する開放性と閉鎖性を反映するだけでなく、クライエントが新しい仕方で世界を体験する姿を現してくれる、と考える。

(2)　**ロゴセラピー**　V・フランクルの立場である。人間それぞれの人生には独自の意味があり、人間は「人生の意味」を追い求め、みずからの意志で態度を決める自由をもっている、とする。実存主義的心理療法は、一般的には技法をあまりもっていないとされるが、ロゴセラピーではかなり指示的な技法を用いる。それらは「説得技法」「ソクラテスの対話」「逆説志向」「脱内省」であり、前の三つは認知行動療法のそれらと同様のものである。また最後の技法は、セラピストが直接指示して、クライエントがこだわっている自分自身の問題から他の問題へと注意を逸らさせることであり、セラピストはクライエントの有する心身の資産や能力を強調する。

(3)　**実存的・ヒューマニスティックなアプローチ**　主としてアメリカ西海岸で発展した立場であり、メイらによって展開された。クーパーは、この立場と古典的クライエント中心療法との共通点を三つあげている。

a　個人尊重的な見方をする傾向がある。つまり、個人の独自性や「今、ここ」での主観的体験を重視する。

b　セラピストのジェニュインネスを強調する。I・ヤーロムはセラピストが自分自身の個人的体験をクライエントと共有することは、援助的だと主張している。

c　人間の本性について比較的楽観的な見方をもっている。

そして彼は、両者の違いを防衛の生まれてきた過程に対する見方の違いから来る、としている。つまり、古典的立場ではクライエントの否認や歪曲は外からの価値観を取り入れてしまったことによって生じると考えるのに対して、実存的・ヒューマニスティックな立場では人は人生に本質的に備わっている制限や不安から逃れようとして否認したり歪曲したりすると考える。そのため、古典的立場では非所有的で肯定的関心の提供される環境では否認や歪曲は必要がなくなるとされるが、実存的・ヒューマニスティックな立場ではセラピストは否認や歪曲に指示的にしてでも立ち向かう必要がある。そして、「究極的な関心事」（たとえばヤーロムの場合、死、自由、孤独、無意味）という実存的問題へとクライエントを誘い、これら問題との関係からクライエントを理解しようとする。

## 4　プリセラピー

ロジャーズらは一九五七年から一九六四年にかけて、統合失調症の患者に対するCCTの効果を研究した（本書第5章）が、その治療効果を証明することができなかった。つまり、動機づけの低いクライエントに対してCCTは効果を示さないということを強く示唆したのである。

プリセラピー（Pre-Therapy）は、そのようなクライエントに対する治療的アプローチとしてG・プラウティが考え出した理論と方法である（Prouty, 1976）。

周知のように、ロジャーズの一九五七年の「心理療法における人格変化の必要にして十分な条件」では、第一条件として「二人の人間が心理的接触をもっていること」をあげている。重い精神病にかかっている人や精神遅滞の人たちはこの条件を満たすことが困難であるため、心理療法の過程をたどることが困難であるとされてきている。

プリセラピーは、このような「接触（contact）」を確立し維持する能力に障害があるクライエントとのカウンセリングのために考案された、クライエント・センタードの理論と方法論なのである。

「パーソン・センタード・カウンセリングにおいて他の何より重要なのは、心理的にクライエントとともに『今、ここにいること』であり、クライエントと『接触』していることであって、クライエントがコミュニケートしようとしている事柄を内容的に理解することではない、ということです」（Werde, 1994）。

接触する能力とは次の三つである。

①クライエントが現実と接触する能力

②他者と接触する能力

③自分自身の情動を伴った自己と接触する能力

人は世界・自己・他者との心理的接触を発展させるものである。接触には三つの水準があり、それらは次のようなものであるとされている。少し煩雑であるがあげておこう。

(1) **接触反射（治療的反射）：カウンセラーの技法**　クライエントとの接触を意図して、クライエントの具体的行動やそれと関連した事柄を周囲の現実から取り上げて、反射する。

状況反射：

人・場所・物・出来事の反射。クライエントが直接触れている環境（ないし世界）との接触を回復し、それを強化する。「お日様がキラキラしています」「ここは私のオフィスね」

表情反射：

クライエントの表情に表れている感情の反射。クライエントが前表現段階にある感情（ないし自己）と接触し、実際それを表現することを支援する。「ニコニコしている」「ピーターは怒った顔をしている」

身体反射：

クライエントの動作や姿勢を言語化したり共感的に同じ動作や姿勢をして反射する。→クライエントが自分の身体に触れる（ないし自己体験）感覚を発展させるのを支援する。「手が上がっている」（セラピストも手を上げる）

逐語反射：

一般に理解可能な、あるいは一般には理解できなくともクライエントには意味があるらしい単語や音声や文章を反射する。クライエントが表現やコミュニケーションの主体として自分をもう一度体験し直し、その意味で伝達可能性のある発話を回復する方向に歩み出すのを支援する（コミュニケーションないし他者との接触）。

反復反射：それまでに効果のあった反射を繰り返し、確立された接触を強化し、さらなる体験過程を促進する（関係が発展する機会を増やす）。「私が『床』って言ったら、こっちを見たね」「あなた、私の腕時計を見てた。で、私、午後三時って言った」

(2) **接触機能**　クライエントの内界の心理的機能　接触反射によってクライエントの中に三つの接触機能が確立され、維持され、強化されることをめざす。それらは現実との接触、情動との接触、コミュニケーションとの接触の三つである。パールズの自我機能の一つとしての心理的接触という概念からの展開。

(3) **接触行動**　具体的な接触行動。一つは現実接触であり、クライエントが人・場所・もの・ことを言語化する。いま一つは情動接触であり、情動が姿勢ないし表情に表現される。感情表現のことばが使われる。さらにはコミュニケーション接触があげられ、クライエントが対人関係を表現する単語や文章を言語化する。

(Werde, 1994, Prouty, 1976)

D・ウェルデは次のように言っている。

パーソンセンタード・カウンセリングにおいて他の何より重要なのは、心理的にクライエントとともに「今、ここにいること」であり、クライエントと「接触」していることであって、クライエントがコミュニケートしようとしている事柄を内容的に理解することではない、ということです。

（Werde, 1994, 邦訳、二〇九頁）


筆者は二〇〇八年にイギリスで開催された「パーソンセンタードと体験過程心理療法学会」（Person-Centered and Experiential Psychotherapy and Counseling）の第七回大会で、オランダにおけるプリセラピーの実例をＶＴＲで見る機会があった。そこでは統合失調症の不穏になった男性患者が、女性看護師の説得と行動の半ば強制によって二時間かけて平静になる様子がまず示された。その後、別の日に男性セラピストによってやはり不穏な状態の同じ患者に対してプリセラピーをおこない、患者の視線や行動を丁寧に反射することによって患者が現実との接触を回復し、一〇分ほどで平静になる様子が示された。

ただ、すでにお気づきのように、これは諸水準での「接触」を回復するまでの過程であり、その先に心理治療の可能性が開けてくる、というものである。

プリセラピーは、パーソン・センタード・セラピーにおいて手つかずだったクライエントたちとの心理臨床実践の可能性を開いたということで、きわめて大きな展開であろう。

## 5　おわりに

以上、部分的ではあるがパーソン・センタード・セラピーに属する心理療法を見てきた。日本でもっとも大きな関心を寄せられている「フォーカシング指向心理療法」は前章にその前段階を任せたままであるし、近年関心を集め、学会などでも注目度の高い「表現（アート）セラピー」にはふれなかった。この小著では仕方のないことと割り切らざるをえない。

「○○療法」というような大きな体系になっていなくても、この二〇年でいろいろの概念が提案され論じられている。D・メアーンズのConfiguration（〔自己の〕配置図）はその一つである（Mearns and Thorne, 2000）。これは、人間にはそれぞれの部分があり、部分から成り立っており、セラピストはできるだけそれに対応する自分の部分を駆使して、クライエントの部分部分に対して、接近し、各部分に丁寧に対応することが大切である、とする。これら部分は人間の多面性を表わす一例であるが、M・クーパーは「多面的心理療法」（Pluralistic Psychotherapy）を標榜し、人間の目標、願望、欲求等の多面性とそれに対する接近法の多面性に注目している（Cooper and Macleod, 2010）。

パーソン・センタード・セラピーは人間性の尊重および体験過程という最重要の原則を大切にしつつ、新たな可能性を求め続けている。

飯長喜一郎

### 《文献》


Baker, N., 2004, Experiential Person-centred Therapy, in Sanders ed., 2004.（近田輝行・三國牧子監訳『パーソンセンタード・アプローチの最前線――PCA諸派のめざすもの――』第4章「体験的パーソンセンタード・セラピー」コスモス・ライブラリー、二〇〇七年）

Cooper, M., 2004, Existential Approaches to Therapy, in Sanders ed., 2004a.（邦訳「第5章　心理療法への実存的アプローチ」）

―――― and J. Macleod, 2010, *Pluralistic Counselling and Psychotherapy*, Sage.

Greenberg, L. S., L. N. Rice amd R. Elliott, 1993, *Facilitating Emotional Change: The Moment-by-Moment Process*, The Guilford Press.（岩壁茂訳『感情に働きかける面接技法――心理療法の統合的アプローチ――』誠信書房、二〇〇六年）

Greenberg, L. S. et al., 1994, *Process Experiential Psychotherapy*（VTR).（岩壁茂訳、APA心理療法ビデオシリーズⅡ「第9巻　過程志向体験療法」日本心理療法研究所）

Mearns, D., 1994, *Developing Person-Centred Counselling*, 1st ed., Sage.（岡村達也訳『パーソンセンタード・カウンセリングの実際――ロジャーズのアプローチの新たな展開――』コスモス・ライブラリー、二〇〇〇年）

――――, 2003, *Developing Person-Centred Counselling*, 2nd ed., Sage.

―――― and B. Thorne, 2000, *Person-Centred Therapy Today*, Sage.

岡村達也・飯淵久美子、二〇〇四、「プリセラピー――パーソン中心療法の第一条件（心理的接触）をめぐって――」村瀬孝雄・村瀬嘉代子編『ロジャーズ――クライエント中心療法の現在――』日本評論社。

Prouty, G. F., 1976, Pre-therapy: A Method of Treating Pre-expressive Psychotic and Retarded Patients, *Psychotherapy: Theory, Research and Practice*, 13(3): 290-95.

Rogers, C. R., 1955, *Miss Mun*（VTR).（畠瀬稔監訳『ロジャーズのカウンセリング（個人セラピー）の実際』（VTRと逐語訳）コスモス・ライブラリー、二〇〇七年）

――, 1980, *A Way of Being*, Houghton Mifflin.（畠瀬直子訳『人間尊重の心理学』創元社、一九八四年）

佐治守夫、一九八五、『治療的面接の実際――ゆう子のケース――』（カセットテープと逐語記録）日本・精神技術研究所。

Sanders, P., 2004a, Introduction――Read This First, in Sanders ed., 2004.（邦訳「序文――まずここからお読み下さい」）

――, 2004b, Mapping Person-Centred Approaches to Counseling and Psychotherapy, in Sanders ed., 2004.（邦訳「補足 パーソン・センタード・アプローチ――カウンセリングとセラピーにおける位置づけ」）

――, ed., 2004, *The Tribes of the Person-Centred Nation: An Introduction to the Schools of Therapy Related to the Person-Centred Approach*, PCCS Books.（近田輝行・三國牧子監訳『パーソンセンタード・アプローチの最前線――PCA諸派のめざすもの――』コスモス・ライブ

ラリー、二〇〇七年）
Werde, D., 1994, プリセラピィの理論（D. Mearns ed., *Developing Person-Centred Counselling*, 1st ed., Sage.（岡村達也ほか訳『パーソンセンタード・カウンセリングの実際――ロジャーズのアプローチの新たな展開――』コスモス・ライブラリー、二〇〇〇年）
Worsley, R., 2004, Integrating with Integrity, in Sanders ed., 2004.（邦訳 第6章「誠実な統合に向けて」）

# ◉ 事項索引 ◉


## あ 行

愛情の制限　41
アクティブ・リスニング（積極的傾聴）　14
アメリカ心理学会　15
安全操作　191
意志療法　10
依　存　57
一致性　→自己一致　141
異文化間ワークショップ　178
今，ここ　161,224,226,229
因　子　192
ウィスコンシン大学　3,18
ウィロビー情緒成熟尺度　135
エゴ・リビドー法　30
S－R結合　192
エンカウンター・グループ　20,156,179
『エンカウンター・グループ』　22

## か 行

外部的照合枠　79,107
カウンセラー中心療法　13
カウンセリング（カウンセラー）
　——の失敗　57
　——の態度　66
　——の目的　53,54
『カウンセリングと心理療法』　12,28,32,59,67
カウンセリングの関係　→治療関係
学習者中心教育　24
『学習の自由——教育はどうなるのか』　24
課題原則　220
葛藤の解決　181
過程スケール　194
空の椅子　218
『カール・ロジャーズになる』　21
環境調整　33
環境転換　30
環境療法　10
関係原則　220
関係療法　10,31
感　情　38,45,49,55,161,215
　——の明確化　76
感情移入型同一化　79
感情移入的な理解　78,80
感情過程　196
感情スキーム　219
逆説志向　224
客観性　11,31
「9歳から13歳の児童の人格適応の測定」　8

教育心理学　8
教育分析　74
共　感　28,216
共感的理解　11,16,77,141,159,217
キリスト教　4
緊張緩和　181
クライエント　13
——とセラピストの対等性　213
——の依存　95
——の自立性　56
——の自律性　213
——の日常の行動　135
——のプロセス測定　144
クライエント中心　15,206,212
クライエント中心療法（CCT）　12,226
『クライエント中心療法』　67,81,93,206
グループ・セッション　163
形成傾向　159
ゲシュタルト心理学　20,201
ゲシュタルト療法　218
ケース・ヒストリー　30
現存在分析　223
合意形成　181
行為の制限　38
攻撃的な行為の制限　40
構成因子法　30
構造論　106
肯定的感情　164
「鋼鉄のシャッター」　24
個人の尊重　11
古典的クライエント・センタード・セラピー　212
子ども　10
——のセラピー　28
コミュニティ・ミーティング　157
コロンビア大学　8

## さ　行

『サイコセラピーとパーソナリティの変化』　17,128,131,139
再体制化　71
ジェニュインネス（純粋性：genuinness）　74,80,159,216,225
自　我　191
シカゴ大学　14
時間の制限　40
自己（概念）　112,116,132,158,191,192
——と経験の不一致　116
——の解体　120
——の象徴化　113
——の認知　51
理想的——　133,134
自己一致（congruence）　11,16,74,80
自己経験　112
自己決定権　213
自己指示　70
自己実現　114,213
自己受容　162
自己配慮　113

『自己への旅』(邦題：『出会いへの道』)　22
自己理解　11,31,51,158
自己力動　191
CCT　→クライエント中心療法
指示的療法（指示的カウンセリング）　12,42
実現傾向　159
実証的研究　128
実存主義的心理療法　220
『実存心理入門』　221
実存的心理療法　213,214
実存的・ヒューマニスティックなアプローチ　225
終　結　55
受　容　11,16,28,51
純粋性　→ジェニュインネス
状況反射　227
小集団訓練法　21
事例研究　128
人格変化　→パーソナリティ変化
『人格変化の一理論』　189
神経症　150
人種葛藤解決ワークショップ　180
人生の意味　224
身体反射　227
診　断　29,93
　医学的――　96
診断的理解　108
親密さ　164
心理学　5,7
心理学的知識　11,31
心理療法　25
ストランズ　144
制限の設定　39
精神医学　18
精神分析　10,93
責任の制限　39
接　触　226,228
接触機能（接触する能力）　226,228
接触反射（治療的反射）　227
説得技法　224
セラピストの態度　141,142,146
セラピストの適性　30
セラピストの四つの特質　11
セラピーの技術　91
セラピーの理論　104
セラピーへの動機　137
全体論　214
選　択　54
相互的な承認　203
ソクラテスの対話　224
ソーン・スナイダー論争　59

## た　行

体　験　192
体験過程（論）　124,194,196,216,231
体験過程尺度　19
体験過程療法　214
体験的パーソン・センタード・セラピー　213,214
体験療法　218
対象関係論　218

対人関係　196
対人関係的仮説検証の過程　196
対人関係的な知る過程　201
他者への態度の変化　136
脱内省　224
多面的心理療法　230
知覚の仕方　54
逐語反射　227
知　能　36
治療関係（カウンセリングの関係）　37,93
　成長体験としての――　12
『治療的関係とそのインパクト』　19,128,139
治療的理解　108
抵　抗　49,50,57,160,191
転　移　93
転移的感情　95
動　因　192
統合失調症　18,139,140,150,229
統合的パーソン・センタード・セラピー　213
洞　察　51,55
特　性　192
特性論　106

## な　行

内部的照合枠　79,108
内容モデル　192
ナラティヴ・セラピー　183
人間関係の理論　105
人間性心理学　25
『人間生成論』　17
人間性の尊重　230
『人間尊重の心理学』　216
人間中心（パーソン・センタード）　164,212
　――・セラピーの第一原則　213
人間中心のアプローチ（パーソン・センタード・アプローチ：PCA）　25,164,206
　――グループ　212,214
『人間の力』（邦題：『人間の潜在力』）　178,24
認知行動療法　212
認知療法　218

## は　行

パーソナリティ・テスト　29
パーソナリティ変化（人格変化）　81,189
パーソナリティ理論　102,189
パーソン・センタード　→人間中心
『パーソンセンタード・アプローチの最前線』　212
パーソン・センタード・セラピーの第一原則　213
パーソン・センタード・ワークショップ　166
反復反射　228
PCA　→人間中心のアプローチ
非指示的　75
非指示的技術　60
非指示的態度　213
非指示的療法　12,15,28,66

ピース・プロジェクト　180
ヒューマニスティック心理学　221
表現（アート）セラピー　213
表情反射　227
ファシリテーター　16,21,159,173,208,217
——の主要な機能　181
不　安　192,219
フィードバック　162
フォーカシング（焦点づけ）　189,194,195,215
フォーカシング指向セラピー　212
プリセラピー　213,226,229
プロセス・オリエンティド・サイコセラピー　183
プロセス体験療法　214,218
防衛（性）　53,119,191

## ま　行

ミネソタ大学　12
無条件の肯定的関心（配慮）　11,80,141,159
メタコミュニケーション　217
面　接　9
面接法　30
『問題児の治療』　11,28,32

## や　行

遊戯療法　10
ユニオン神学校　6
要　求　192
幼　児　110
抑　圧　191,192
抑圧モデル　191
予　防　33

## ら　行

ラホイア・プログラム　157
リファー　195
臨床心理学　8
類型論　106
ルスト・カンファレンス　180,182
レファランス　195,202
レファラント　195
——の移動　196
ロゴセラピー　224

# ◉ 人名索引 ◉

## あ 行

アイゼンク（H. J. Eysenck） 130
アクスライン（V. Axline） 10
アレン（F. H. Allen） 34
ウィリアムソン（E. G. Williamson） 12
ウェルデ（D. Werde） 228
ヴェルトハイマー（M. Wertheimer） 201
エプソン（D. Epston） 183
エリオット（G. L. Elliot） 7
エリオット（H. Elliot） 7
エリクソン（E. H. Erikson） 20

## か 行

キースラー（D. J. Kiesler） 19
キルケゴール（S. Kierkegaard） 17, 220
キルシェンバウム（H. Kirschenbaum） 21
キルパトリック（W. H. Kilpatrick） 8
クーパー（M. Cooper） 221, 230
グリーンバーグ（L. S. Greenberg） 218

## さ 行

佐治守夫 216
サリヴァン（H. S. Sullivan） 107
サルトル（J.-P. Sartre） 17, 220
サンダース（P. Sanders） 212
ジェイムズ（W. James） 5
ジェンドリン（E. T. Gendline） 19, 108, 188-190, 192, 194, 212, 215, 216
スナイダー（W. U. Snyder） 61, 60
ソーン（F. C. Thorne） 60-62

## た 行

タフト（J. Taft） 34
チャッセル（J. Chassell） 7
ティリッヒ（P. Tillich） 220
デューイ（J. Dewey） 8
トルアックス（C. Truax） 18, 19

## は 行

ハイデッガー（M. Heidegger） 223
ハミルトン（G. V. Hamilton） 7
パールズ（F. Perls） 219, 228
バーレット-レンナード（G. T. Barrett-Lennard） 142

ビンスワンガー（L. Binswanger）　223
フェヒナー（G. T. Fechner）　197
ブーバー（M. Buber）　17, 220
プラウティ（G. Prouty）　226
フランクル（V. E. Frankl）　224
ベイカー（N. Baker）　215, 217
ボス（M. Boss）　223
ポランニー（M. Polanyi）　20
ホリングワース（L.（Hollingworth）　8
ホワイト（M. White）　183
ホワイトヘッド（A. N. Whitehead）　17

## ま　行

マッギファート（A. C. McGiffert）　7
村山正治　164
メアーンズ（D. Mearns）　157, 230
メイ（R. May）　221, 224

## や　行

山本和郎　106, 108
ヤーロム（I. D. Yalom）　225

## ら・わ　行

ランク（O. Rank）　10, 31, 34
レヴィン（K. Lewin）　20
ロビンソン（V. Robinson）　34
ワーズリー（R. Worsley）　214
ワトソン（G. Watson）　7, 8

# 《ロジャーズ主要著作一覧》

1939 *The Clinical Treatment of the Problem Child*, Houghton Mifflin（1966，堀淑昭編，小野修訳『問題児の治療』ロージァズ全集第1巻，岩崎学術出版社）

1942 *Counseling and Psychotherapy: New Concepts in Practice*, Houghton Mifflin（1966，佐治守夫編，友田不二男訳『カウンセリング』ロージァズ全集第2巻〔原著の第Ⅳ部「ハーバート・ブライアンのケース」のみ同全集の第9巻所収〕岩崎学術出版社；2005，末武康弘・保坂亨・諸富祥彦訳『カウンセリングと心理療法実践のための新しい概念』ロジャーズ主要著作集・1，岩崎学術出版社）

1951 *Client-centered Therapy: Its Current Practices, Implications, and Theory*, Houghton Mifflin（1966，友田不二男編訳『サイコセラピィ』ロージァズ全集第3巻〔原著の第Ⅰ部のみ。他は同全集の第5，7，8，16巻に分訳所収〕岩崎学術出版社；2005，保坂亨・諸富祥彦・末武康弘訳『クライアント中心療法』ロジャーズ主要著作集・2，岩崎学術出版社）

1954 *Psychotherapy and Personality Change*, with R.F. Dymond (eds.), University of Chicago Press（1967，友田不二男編訳『パースナリティの変化』ロージァズ全集第13巻〔原著の第Ⅲ部のみ同全集の第10巻所収〕岩崎学術出版社）

1957 The Necessary and Sufficient Conditions of Therapeutic Personality Change, *Journal of Consulting Psychology*, 21, 95-103（1966，伊東博訳「パースナリティ変化の必要にして十分な条件」伊東博編訳『サイコセラピィの過程』ロージァズ全集第4巻，岩崎学術出版社）

1961 *On Becoming a Person*, Houghton Mifflin（1967〜68，ロージァズ全集第4，5，6，12巻に分訳所収，岩崎学術出版社；2005，諸富祥彦・末武康弘・保坂亨訳『ロジャーズが語る自己実現の道』ロジャーズ主要著作集・3，岩崎学術出版社）

1967 *The Therapeutic Relationship and Its Impact: A Study of Psychotherapy with Schizophrenics*, with E.T. Gendlin, D.J. Kiesler and C.B. Truax (eds.), University of Wisconsin Press（1972，友田不二男編『サイコセラピィの研究』，古屋健治編

『サイコセラピィの成果』，伊東博編訳『サイコセラピィの実践』ロージァズ全集第19，20，21巻，岩崎学術出版社）

1968 *Person to Person: The Problem of Being Human*, with B. Stevens, Real People Press（1974，柘植明子他訳『人は人によりてのみ』明治図書）

1969 *Freedom to Learn: A View of What Education Might Become*, Charles Merrill（1972，伊東博他編訳『創造への教育（上），（下）』ロージァズ全集第22，23巻，岩崎学術出版社）

1970 *On Encounter Groups*, Harper and Row（1982，畠瀬稔・直子訳『エンカウンター・グループ』創元社）

1972 *Becoming Partners: Marriage and Its Alternatives*, Delacorte Press（1982，村山正治・尚子訳『結婚革命』サイマル出版会）

1974 The Project at Immaculate Heart: An Experiment in Self-directed Change, *Education, Winter*（1980，金沢カウンセリング・グループ訳「イマキュレート・ハート・プロジェクト――教育の自己主体的変革の実験」『エデュケーション』関西カウンセリングセンター）

1977 *On Personal Power: Inner Strength and Its Revolutionary Impact*, Delacorte Press（1980，畠瀬稔・直子訳『人間の潜在力』創元社）

1980 *A Way of Being*, Houghton Mifflin（1984，畠瀬直子監訳『人間尊重の心理学――わが人生と思想を語る』創元社）

2002 *Carl Rogers: The Quiet Revolutionary, an Oral History*, by Carl Rogers and David Russell, Penmarin Books（2006，畠瀬直子訳『カール・ロジャーズ――静かなる革命』誠信書房）（1986年の口述による）

# 《ロジャーズ年表》

| | |
|---|---|
| 1902 | アメリカ合衆国，イリノイ州，オーク・パークに生まれる。 |
| 1919 | ウィスコンシン大学に入学，はじめ農学を専攻，後に歴史学に移る。 |
| 1922 | 全米から選ばれて北京での国際キリスト教学生会議に。 |
| 1924 | 歴史学の学士号をとって卒業，ヘレンと結婚，ニューヨーク市のユニオン神学校に進学。 |
| 1926 | コロンビア大学教育学部に移り，臨床心理学と教育心理学を専攻，同時にニューヨーク市の児童相談所のインターンになって奨学金を得る。 |
| 1928 | コロンビア大学より修士号を受け，ロチェスターの児童虐待防止協会児童研究部に就職。 |
| 1931 | コロンビア大学より Ph.D. を受ける。博士論文「9歳から13歳の児童の人格適応の測定」 |
| 1939 | 『問題児の治療』刊行 |
| 1940 | オハイオ州立大学教授（心理学） |
| 1941 | アメリカ予防精神医学会副会長 |
| 1942 | 『カウンセリングと心理療法』刊行 |
| 1944 | アメリカ心理学会会長 |
| 1945 | シカゴ大学教授（心理学）兼同大学カウンセリング・センター所長 |
| 1946 | アメリカ心理学会会長 |
| 1951 | 『クライエント中心療法』刊行 |
| 1954 | 『サイコセラピーとパーソナリティの変化』刊行 |
| 1957 | ウィスコンシン大学教授（心理学および精神医学） |
| 1961 | 『人間生成論』刊行，日本訪問。 |
| 1962 | スタンフォード大学行動科学高等研究センター客員研究員 |
| 1964 | 西部行動科学研究所特別研究員 |
| 1967 | 『治療的関係とそのインパクト』刊行，イマキュレート・ハート・コミュニティでの教育実験開始。 |
| 1968 | 人間科学センター創設，映画『自己への旅』作成に参加。 |
| 1969 | 『学習の自由』刊行 |
| 1970 | 『エンカウンター・グループ』刊行 |
| 1972 | 『パートナーになること』刊行，アイルランド紛争をめぐるエンカウンター・グループの試み。 |
| 1977 | 『人間の力』刊行 |
| 1979 | ヘレン死す。 |
| 1980 | 『人間尊重の心理学』刊行 |
| 1987 | 逝去 |
| 2002 | 『静かなる革命』刊行（1986年の口述による） |

（年表での書名は原題を掲げた。邦題については「主要著作一覧」を参照のこと。）

**編者紹介**


佐治守夫（さじ・もりお）

1924 年　山形市に生まれる

1948 年　東京大学文学部心理学科卒業

1996 年　逝去

専　攻　臨床心理学・教育心理学

　　　　元東京大学名誉教授

著　書　『人格』（講座心理学第 10 巻，編著），『カウンセリング入門』，『カウンセラーの「こころ」』，『臨床家 佐治守夫の仕事 1，2，3』など

飯長喜一郎（いいなが・きいちろう）

1945 年　上越市に生まれる

1969 年　東京大学教育学部教育心理学科卒業

専　攻　臨床心理学

現　在　お茶の水女子大学，日本女子大学教授，国際医療福祉大学大学院特任教授を経て，日本女子大学名誉教授

著　書　『実践カウンセリング初歩』，『人間としての心理治療者』（訳），『私とパーソンセンタード・アプローチ』（共編著）など


**ロジャーズ クライエント中心療法［新版］**

*Client-Centered Therapy: The Core of Counseling,* 2nd ed.


1983 年 1 月 20 日　初版第 1 刷発行

2011 年 5 月 20 日　新版第 1 刷発行

2025 年 1 月 30 日　新版第12刷発行

編　者　佐　治　守　夫

　　　　飯　長　喜一郎

発行者　江　草　貞　治

発行所　株式会社　有　斐　閣

〒 101-0051　東京都千代田区神田神保町 2-17

https://www.yuhikaku.co.jp/

印刷　精文堂印刷株式会社　　製本　大口製本印刷株式会社





ISBN 978-4-641-17376-7